천자문千字文 공부

[5권]

동봉 스님의

천자문千字文
공부
[5권]

동봉東峰 스님 우리말 번역 및 해설

도서출판 도반

동봉東峰 스님

강원도 횡성에서 태어나 1975년 불문에 귀의하였다. 해인사 승가대학, 중앙승가대, 동국대 불교대학원에서 공부했다.

법명은 정휴正休, 자호는 일원一圓, 법호는 동봉東峰, 아프리칸 이름은 기포kipoo起泡다.

1993~1997년 BBS 불교방송에서 〈살며 생각하며〉, 〈자비의 전화〉 등 26개월에 걸쳐 생방송을 진행하였다.

동아프리카 탄자니아에서 52개월간 머물며 말라리아 구제 활동을 했으며 한국 불교인으로서는 최초로 아프리카에 '학교법인 보리가람스쿨'을 설립하였고 탄자니아 수도 다레살람에 매입한 학교 부지 35에이커와 킬리만자로 산기슭에 개척한 부처님 도량, 사찰 부지 3에이커를 조계종 산하 '아름다운 동행'에 기증하여 종단에서 '보리가람농업기술대학교'를 세워 2016년 9월 개교, 운영하고 있다.

곤지암 '우리절' 창건주이자 회주로서 책, 법문, 소셜미디어 등을 통해 부처님 법을 전하고 있으며, 특히 〈기포의 새벽 편지〉 연재는 3,500회를 넘었다. 지금은 광주 우리절 주지로서 수행자로서의 삶을 이어가고 있다.

《사바세계로 온 부처님의 편지》, 《마음을 비우게 자네가 부처야》, 《아미타경을 읽는 즐거움》, 《불교상식백과》, 《밀린다왕문경》, 《평상심이 도라 이르지 말라》, 《반야심경여행》, 《법성게》, 《내비금강경》, 《동몽선습 강설》, 《디마케터 스님》, 시집 《음펨바 효과》, 《시간의 발자국이 저리 깊은데》 등 70여 권의 저서와 역서가 있다.

차 례

<101>

견堅지持아雅조操

호好작爵자自미縻

0401 **굳을 견 堅**

0402 **가질 지 持**

0403 **바를 아 雅**

0404 **잡을 조 操**

우아하고 바른지조 굳게지니면
공경대부 좋은벼슬 찾아오리라

堅

우리가 이처럼 지구에 살 수 있는 것은

첫째 조건이 바다를 포함한 물입니다.

둘째 조건은 산소입니다.

셋째 조건은 중력입니다.

넷째 조건은 태양입니다.

다섯째 조건은 초목입니다.

여섯째 조건은 다른 생명입니다.

일곱째 조건은 이웃입니다.

여덟째 조건은 굳은 땅입니다.

아홉째 조건은 빛과 어둠입니다.

열째 조건은 달과 별입니다.

아! 가장 소중한 것 두 가지가 빠졌습니다.

열한 번째가 시간이고, 열두 번째가 공간입니다.

그리고 수성 금성 화성 목성 등과

토성 천왕성 해왕성이 있어서 가능합니다,

이들 어느 하나라도 없으면

인간은 살 수 없었을 것입니다.

견堅지持아雅조操

심지어 개미, 벌, 지네, 지렁이, 쥐, 독사, 악어
사자, 코끼리, 하이에나, 모기, 바퀴벌레, 박테리아
곰팡이까지도 인간이 지구상에서 살아가는 데
없어서는 안 되는 필요충분조건입니다.

그런데 여기 굳은 땅이 필요합니다.
굳은 땅이 있기 위해서는 지구의 역사와 함께
액화암석이었던 때를 지울 수 없습니다.
지구 초기는 펄펄 끓는 액화암석이었지요.
이들 액화암석이 식고 굳으면서
단단히 발을 딛고 살아갈 수 있는
소중한 땅이 된 것입니다.

지구가 처음부터 살 만한 곳은 아니었습니다.
펄펄 끓는 액화암석일 때
이산화탄소 수치만이 높을 때
산소라고는 찾아볼 수 없었을 때
지옥의 유황불이 '큰형님'으로 받들 때
지구는 생명이 살 수 없었습니다.
골디락스 존Goldilocks zone이 아니고
해비터블 존Habitable zone이 아니었습니다.

견딜지持이雉조操

지구는 처음부터 흙과 모래가 아니었고
펄펄 끓는 액화암석이었습니다.
따라서 지구생물권Bio sphere 중에
대기권Atmo sphere
생태권Ecos phere
수권Hydro sphere
암석권Litho sphere은 있었으나
흙권Mud sphere이란 단어는 없었습니다.

암석이 시간이 흐르면서
바람에 부서지고
빗물에 부서지고
햇살에 부서지고
기온차에 부서지고
동식물에 의해 부서지면서
돌이 되고 자갈이 되고 모래가 되고
마침내 부드러운 흙으로 변한 것입니다.

'견堅'이란 굳은臤 땅土입니다.
흙 토土 부수에 어질 현臤 자를 놓았는데
현臤이 소릿값이기는 하지만
의미값도 함께 지니고 있습니다.

어질다는 것은 어리석지 않다는 게 아니라
한 발 더 나아가 현명賢明함입니다.
요즘 많이 쓰는 말로 '스마트Smart'함입니다.
어질다는 것은 흙처럼 부드러우며
암석처럼 굳고 단단함입니다.

나는 가끔 생각합니다.
만약 지구가 암석형이 아니고
목성 토성 천왕성이나 해왕성처럼
목성형 별 가스로 되어 있었다면
그래도 과연 생명이 살 수 있었을까 하고요.
단단하지 않기에 사람은 살 수 없습니다.
그러나 가스 속에서 사는 생명이 있습니다.
문제는 가스가 무엇이냐는 것입니다.
대기권처럼 질소 수소 탄소입니다.
산소도 가스에 해당합니다.
이들 원소 속에서 살아가는 게 있지만
한결같이 중력의 세계를 거스르는 존재입니다.

천장에 거꾸로 붙어 꼼짝 않거나
심지어 천장에 거꾸로 붙어 기어다니는
집게벌레들을 보면서 생각합니다.

견벽지지이雅조操

저들을 천장에 붙어있게 하는 게 뭘까
저들에게서 만일 생명을 빼앗는다면
그때도 저 집게벌레 딱정벌레 무당벌레는
천장에 쥐죽은 듯 붙어 있을 수 있을까 하고요.

며칠 전 이태형 한국우주환경과학소장이
더 사이언스 타임지에 기고한
〈사상 최대규모 외계행성 발견〉이란 글을 보며
해비터블 존에 대해 생각해 보았습니다.
기고한 글이 그래도 꽤 긴 편인데
과학이 갖고 있는 힘을 새삼 느끼게 했습니다.
과학은 참으로 위대하고 장합니다.

"미국항공우주국NASA은 미국 시각으로
2016년 5월 10일 기자회견을 열어
1,284개의 새로운 외계행성을 발견했다면서
이렇게 많은 행성이 한꺼번에 발견된 것은
역사상 유래가 없는 일이라"고 했습니다.
우리 태양계가 속한 우리 은하에는
자그마치 2,000억 개의 별이 있습니다.

이들 2,000억 개의 별은 행성이 아닙니다.

다들 태양처럼 항성恒星입니다.
꼭 그런 것은 아니지만 우리 태양계만 놓고 보더라도
하나의 태양恒星을 중심으로 하여
10개 가까이 행성行星이 있고
100여 개 가까이 위성衛星이 있습니다.
그렇다고 한다면 우리 은하에는
2,000억 개의 태양과 함께
2조 개 가까운 행성과
20조 개 가까운 위성이 있을 것입니다.

이들 가운데 생명체가 살 수 있는
해비터블 행성을 1%로 잡는다 하더라도
우리 은하계에만 200억 개가 될 것입니다.
어떻습니까. 정말 멋지지 않습니까.
그야말로 대단하지 않습니까.
내가 얘기하고 싶은 것은 지구 역사입니다.
지구는 처음부터 해비터블 존이 아니었지요.

시간이 흐르면서 오늘의 지구가 된 것처럼
외계행성 중에서도 어쩌면 행성의 역사를 거치면서
해비터블 존으로 바뀌었을 것입니다.
어제까지는 생명의 존재 가능성이 없었는데

견鞏지持이推조操

오늘은 생명의 존재 가능성이 커진 것입니다.
그러한 가능성 중 하나가
어제까지는 물이 없었고 공기가 없었고
견고한 땅을 찾아볼 수 없었는데
오늘은 오늘로서의 모습으로 변한 것입니다.

전에는 전혀 생각해 본 적이 없었는데
천체물리학에 관심을 갖게 되면서
지구과학을 내 안에 끌어들이면서
나는 굳을 견堅 자만 보면
단단한 지구가 소중하게 느껴졌습니다.
바로 견堅 자에 들어 있는 토土 때문입니다.
질량을 가진 생명체의 의지처인 까닭입니다.

견堅지持아雅조操

0402 가질 지持

지닐 지持라고도 새기는데
재방변扌에 '절 사寺'자가 소릿값입니다.

사寺의 소리값은 '사'가 아니라 '시'입니다.

모실 시侍/때 시時旹昰/관청 시寺閪/시 시/글 시詩

詩민을 시/어머니 시恃/모종 낼 시蒔蒔

제사터 치/지/모종 낼 시畤

재 치/언덕 치峙/치질 치痔/산 이름 시峕/홰 시塒坻

나무 곧게 설 시榯/쥐 이름 시鼭/준치 시鰣鰤

벼 이름 치秲/모종 낼 시秲/빗물 시澨

나라 이름 시邿 등으로 쓰이듯

'시' '지' '치' 따위가 바로 소릿값입니다.

우리 발음은 '사寺'로 발음하지만

중국어 발음은 '사' '지' '치'가 다 '시'입니다.

손 수扌 자를 재방변이라 하는데

손과 관련된 뜻을 지닐 때 쓰는 부수지요.

소릿값인 절 사寺 자는 절, 곧 사찰의 의미도 있지만

절이 생기기 전에는 관청의 의미였으며

윗분을 '모시다侍' 할 때의 모심이지요.

아무튼 지금은 절의 의미가 강합니다.

절寺이란 작은寸 땅土입니다.

절이란 건축물 이전에 그냥 지붕 없는 땅의 의미였습니다.

기독교의 설에서 언급한 에덴동산처럼

가든Garden of Eden의 의미였고
누구에게나 열려있는 공원Park의 의미였고
사원寺園이 사원寺院으로 바뀌고
사직社稷과 조상의 신위를 모시며
사당社堂으로 사묘寺廟로 이어지면서
지붕을 이고 있는 건축물이 된 것입니다.

아무튼 가질 지持 자는 영어 '홀드Hold'의 뜻입니다.
붙들다, 잡다, 쥐다, 껴안다, 소유하다, 지배하다
지키다, 점령하다, 취하다, 굴다, 유지하다, 진행하다
버티다, 채우다, 믿다, 품다, 여기다, 평가하다
억제하다, 끌다, 구속하다, 겨누다, 계속하다
성교하다, 임신하다, 자제하다 따위입니다.

0403 바를 아雅

어금니 아牙 자가 소릿값이고 부수는 새 추隹 자입니다.
우리말은 조鳥와 추隹가 다 '새'로 번역되지만

한자에서는 새 조鳥와 새 추隹가 다릅니다.

새 조鳥는 아래 꼬리 부분이 연화발灬인데

실제 새 조鳥는 연화발灬이 아닙니다

까마귀 오烏 자도 있는 것처럼

꼬리灬 긴 새를 상징하는 글자입니다.

꼬리가 짧은 새隹는 꼬리灬가 없지요.

만일 연화발灬이 있다면 탈 초焦자입니다.

이는 불灬에 그을린 새隹와 같다 하여

까맣게 탄 것을 뜻하는 것으로 바뀌었습니다.

여기 바를 아雅 자는 까마귀 이름이지만

지금은 빌려 쓸 뿐입니다.

까마귀 만으로 쓰이지는 않습니다.

지금은 바르다, 우아하다 의 뜻이지요.

0404 잡을 조操

操

재방변扌이 부수며 의미값이고

지저귈 소/울 소(조)喿 자가 소릿값입니다.
나뭇가지 위에 새들品이 옹기종기 모여 앉아
지저귀는 모습을 상형像形으로 가져왔습니다.

가질 지持 자처럼 영어로는 홀드Hold며
손에 쥐다, 손에 잡다, 장악하다, 부리다, 조종하다
다루다, 운동하다, 단련하다, 급박하다, 절박하다 따위입니다.
이름씨로 지조, 절조, 절개, 풍치, 곡조 이름 등이지요.
이형동의자異形同意字로 잡을 조/가늘 섬掺이 있고
모양이 비슷한 한자는 마를 조燥가 있으며
같은 뜻을 가진 유의자類義字로는
잡을 집執/잡을 액扼/잡을 파/긁을 파把/잡을 구拘
잡을 착捉/잡을 포捕/잡을 병秉/잡을 지摯
한라산漢拏山의 '라'자로 붙잡을 나/라拏
잡을 체/탈 태逮 따위가 있습니다.

덧붙이고 싶은 말 한마디
'팡씨아저放下着fangxiazhe'가 있습니다.

중국어에서는 이대로는 잘 쓰지 않지만
씨아팡下放xiafang이라 하여 오지 체험에 해당하지요.
당원이나 공무원의 관료화를 방지하기 위해

견堅지持아雅조操

일정 기간 농촌이나 공장에 보내
노동에 종사하게 하는 일을 가리킵니다.

불교에서는 '방하착'이라 쓰는데 중요한 것은 착著입니다.
착著은 집착의 뜻도 있지만 동사 뒤에 붙여
그 동사의 형태를 계속 유지함이지요.
영어의 Keep에 해당한다고 보면 좋습니다.
'방하착'에서 착은 '저zhe'로 발음하는데
'내려놓다放下fangxia'의 동작이
내려놓는 것으로 끝나는 게 아니라
내려놓은 동작을 계속 유지함이 저zhe입니다.
이를테면 성불成佛이 성불로 끝나는 게 아니라
성불의 상태를 계속 유지함이 중요합니다.

견堅지持이雅조操

부처가 되었다고 할 일이 끝난 게 아니라
부처로서의 모든 자격과 품격이
계속 유지되는 보살행으로 이어질 때
성불의 의미는 더욱 빛을 발하게 마련입니다.

<102>

견堅지持아雅조操

호好작爵자自미縻

0405 **좋을 호** 好

0406 **벼슬 작** 爵

0407 **스스로 자** 自

0408 **얽을 미** 縻

우아하고 바른지조 굳게지니면

공경대부 좋은벼슬 찾아오리라

好

좋다, 사이좋다, 예쁘다, 아름답다, 곱다, 귀엽다
좋아하다, 사랑하다, 잘 지내다, 괜찮다, 무탈하다
친근하다, 그래, 좋아, 자, 우호적이다, 화목하다
건강하다, 안녕하다, 병이 완쾌되다, 좋아지다
마무리되다, 쉽다, 맛있다, 듣기 좋다, 잘 있어, 잘 가
푹 쉬어 등 구어체 인사말에 많이 쓰입니다.
우의, 정분, 교분, 친선관계, 곧잘, 자주
걸핏하면 등도 있고요.

문어체로 '좋다'는 말을 많이 쓰지만
중국인들은 하루 수십 번 수백 번 쓰는
인사말에 이 '하오好hao'를 씁니다.
인사말로 쓸 때는 대부분 제3성이지요.
남의 나라 말이나 글을 읽을 때는
그 나라의 문화를 함께 존중해야 합니다.
내 지론持論은 그렇습니다.
영어를 배울 때는 제대로 가르치고

호好착靜차自미縻

제대로 배우고 발음하려 애를 씁니다.

요즘 우리 방송계 언론인들이
중국 관광객을 잘못 발음하는 게 있습니다.
신조어도 아닌 '여우커遊客youke'입니다.
여우커는 어제 오늘 생긴 말이 아니지요.
중국어에서는 진작부터 있어왔습니다.
그런 남의 나라 전통을 무시하고
누가 처음 만든 말인지는 모르겠으나
우리는 '유커遊客uke'로 읽고 표기합니다.

심지어 KBS MBC SBS EBS 등
공중파 방송에서도 '유커'로 얘기합니다.
이름있는 방송 진행자Anchor도
유명한 어나운서Announcer도
한결같이 '유커'라고 읽고 발음합니다.
차라리 지금까지의 우리 한문 발음으로
'유객遊客'이라 읽으면 전혀 문제가 없습니다.
우리나라에서는 우리나라 나름대로
중국의 고유명사를 우리식으로 읽는 게
그다지 흠이 되지 않으니까요.

구태여 콩즈孔子라 발음하지 않고
멍즈孟子라 읽지 않는다 하여 뭐라지 않습니다.
《린지루臨濟錄》, 《삐엔루碧巖錄》라 읽지 않고
《임제록》과《벽암록》으로 읽는다 하여
아무도 잘못 읽는다 하지 않습니다.
오히려 익숙하지 않은 고유명사라면서
책을 낼 때는 공자와 맹자로 바꾸고
임제록과 벽암록으로 바꾸어버리곤 합니다.

우리에게는 문화의 이중잣대가 팽배합니다.
가령《겐지모노가타리源氏物語》라든가
또는《헤이케모노가타리平家物語》따위를
'원씨물어', '평가물어'라 읽거나 발음하면
그렇게 읽는 게 아니라며
또는 일본어에 대해 무식하다며
친절(?)하게 읽는 법을 고쳐주기도 합니다.

예의를 저버리라는 것이 아닙니다.
일본의 압제하에서 살아온 우리가
일본의 고유명사는 깍듯이 제대로 읽으면서
중국의 언어문화를 왜 우리 입맛대로
함부로 읽고 재단하느냐는 것입니다.

유커遊客!

도대체 이게 어느 나라 말입니까?

새로운 말을 만들어내는 것도 좋지만

양국의 문화도 생각해야 하지 않겠습니까.

언어의 리더Leader라고 불리는

방송의 얼굴이고 진행자인 앵커맨이

그리고 말을 제대로 전달해야하는 아나운서가

유객이면 유객이고 여우커면 여우커지

아무렇게나 한데 버무려 '유커'가 뭐란 말입니까.

좋을 호好 자를 분석하면

계집 녀女 아들 자子가 만난 글자입니다.

딸 녀女 아들 자子로 새기면

그래도 밸런스가 맞아 어울리겠는데

딸 아들도 아니고 계집과 아들이라

뭔가 다른 게 분명 있었을 것이라 생각됩니다.

'좋을 호好'의 다른 글자가 있을 것입니다.

그런데 정말 '좋을 호' 자가 있습니다.

두루뭉술하게 그저 대충 표현한

계집女과 아들子의 관계가 아닙니다.

구체적으로 표현하고 있습니다.

곧바로 어머니母와 아들子의 관계입니다.
계집이란 뜻은 앞서도 얘기했지만
'집에 계시다'라는 규방 문화와 연결되지만
애기집子宮Womb을 갖고 있는 사람입니다.
여인만이 지닌 애기집인 움womb은
삶을 마감하고 가는 무덤墓인 툼Tomb과
W에서 T로 머릿글자만 바뀔 뿐입니다.

아들子이란 어느 집안의 아들입니다.
계집은 딸과 달리 여인의 총칭總稱이지만
아들은 남자의 총칭이 되지 못합니다.
글자로 보면 비록 그러하지만
아들 자子 자는 때로 남성입니다.
계집 녀女 자와 짝이 되는 남성子입니다.
그래서 좋을 호好가 물을 만났습니다.
게다가 마침 '좋을 호好' 자가 있으니
꼭 엄마母와 아들子이 아닌
여자女와 남자子로 만남도 좋은 일입니다.

좋을 호好 자의 반대뜻을 가진 자는
미워할 오/악할 악惡 자가 있습니다.
'악惡'이라 읽을 때는 선善의 반대개념이고

'오惡'라 발음할 때는 호好의 반대개념입니다.
악이란 으뜸 마음이 아닐 뿐입니다.
버금亞 마음心입니다.
미움도 사랑의 버금亞 마음心일 뿐
아주 영원히 몹쓸 마음이 아닌 것이지요.

0406 벼슬 작爵

벼슬爵이란 녹봉祿俸을 받고
군주를 도와 백성들을 살피는 자입니다.
도움의 손길爫을 필요로 하는 곳이면
언제나 어디서나 누리를 살필罒 일입니다.
그리하여 위로는 군주艮에게
백성의 원망이 닿지 않게 미리 힘쓰고
아래로는 온나라 백성들에게
군주의 폭정이 이르지 않게 힘쓰는 이입니다.

또한 백성들 바람이

군주에게 그대로 전해지도록 하고
아울러 군주의 아름다운 덕화가
백성들에게 고루 미치게 하는 자입니다.
따라서 벼슬爵을 하는 이는
백성들에 대한 군주의 큰 덕화罒도
임금에 대한 백성들의 작은 바람寸마저
공무원爵으로서의 한계艮를 극복하며
조화爪를 이루게 함이 소임이고 역할입니다.

벼슬하는 사람official rank은
한계艮를 느끼는 만큼 어질어야良 합니다.
어진 만큼 늘 한계를 설정해야 하고요.
벼슬하는 이가 한계가 없으면
군주와 정부를 우습게 보고
군주와 정부를 우습게 보는 이들은
나라와 백성들을 마음대로 부리려 합니다.

벼슬 작爵을 '작'이라 발음한 것은
참새들의 지저귐 '짹짹'에서 따온 것입니다.
중국어 발음은 '쥐에jue'인데
'쥐에쥐에'나 우리 발음 '작작'이나
의성어인 것만은 확실하다고 할 것입니다.

좋은 벼슬이라 했는데 5가지가 있지요.

공작公爵Duke/Duchess

후작侯爵marquis/marchioness

백작伯爵earl/countess

자작子爵viscount/viscountess

남작男爵baron/baroness

벼슬은 '수탉의 벼슬'에서 온 말입니다.

암탉도 벼슬이 있긴 있지만 볼품이 없습니다.

닭벼슬을 보통 우습게 보고 있습니다만

수탉의 벼슬은 실로 장관입니다.

이 벼슬을 보고 생각한 게 관冠이었고

관冠은 소릿값이 같은 관官으로 이어졌습니다.

따라서 관官은 관冠과 마찬가지로

머리에 쓰는 모자며 장신구입니다.

이 관冠이 그대로 감투로 이어진 것입니다.

自

스스로 자 自 는 코nose의 뜻입니다.
코 비 鼻 자가 생기기 이전에는
스스로 자 自 자가 코를 가리켰으나
나중에 코 비 鼻 자가 생기면서
스스로 자 自 자는 그냥 제자신을 가리키는
단순한 용어로 독립하게 됩니다.
그러나 지금도 저 자신을 가리킬 때
오른손 집게손가락으로 제 콧등을 누르지요.

'생명의 신비'라는 다큐멘터리에서
사람 모습이 하나하나 갖추어져가는 모습을
영상으로 본 적이 있습니다.
생명이 잉태되고 8주가 지나면
육안으로도 거의 알아볼 수 있을 정도로
모습이 확실해지는데
코가 가장 먼저 생기는 것으로 기억합니다.

중국 칭淸의 뚜안위차이段玉裁(1735~1815)가
심혈을 기울여 쓴 그의 명저
《쑤어원쮀에즈주說文解字注》에 보면
첫아들을 '비자鼻子'라 한다 하였습니다.
장남이란 말을 '비자'라 부른 것이지요.
요즘 우리가 쓰는 말에 '비조鼻祖'가 있습니다.
비조the founder가 무슨 뜻입니까.
첫번째 조상, 시조, 창건주란 뜻도 있지만
첫째며 원조란 뜻을 함께 지니고 있음이지요.
지금은 셀프self, 또는 원셀프oneself라 하여
스스로를 가리키는 말로 많이 쓰입니다.

0408 얽을 미/고삐 미縻

실 사糸 자가 부수며 의미이고
삼 마麻 자가 소릿값에 해당합니다.
요즘은 신소재가 새롭게 개발되어
갖가지 빛깔에 모양이 다양하면서 질깁니다.

그러나 예전에는 쇠고삐가 중요했지요.
비싼 명주로 고삐를 만들 수는 없었지만
농가의 든든한 일꾼이기도 한
소중한 소를 잘 매어두기 위해서는
무엇보다 고삐가 튼튼해야 했습니다.

볏짚이나 칡으로 또는 피나무 껍질을 벗겨
여러 겹으로 꼬아 쇠고삐로 쓰기도 했지만
강도 면에서는 삼껍질을 당할 수 없었습니다.
삼 마麻 자가 소릿값이기는 해도
의미를 함께 부여하기에 타당했을 것입니다.

고삐라는 말은 코뚜레나
굴레에 잡아매는 줄이지요.
따라서 끈이고 줄이며 '묶다'를 뜻합니다.
무엇을 묶거나 동이는 데 쓰이는 것으로서
가늘고 긴 물건을 가리키는 말인데
쇠고삐 말고삐가 대표적입니다.

누가 묻더군요
"큰스님, 애완견 목줄은 뭐라 불러요?"
내가 목줄이라 답하려 하자

질문한 친구가 스스로 답했습니다.

"개고삐라 부르면 되겠지요. 큰스님?"

나는 고개를 끄덕여주었습니다.

좋은 벼슬好爵이란 어떤 벼슬일까요.

차관이나 장관 등 국무위원일까요.

아니면 대법관이겠습니까.

검경의 총장이거나 구태여 벼슬은 아니라 하겠지만

국회의원이거나 국회의장이겠습니까.

공작 후작 백작 자작 남작 중 하나일까요.

아무리 좋은 벼슬이라 하더라도

높은 자리인만큼 반드시 책임이 따릅니다.

갈고 닦고 연구함을 찬작鑽灼이라 합니다.

벼슬은 주어지는 게 아니라

갈고 닦고 연구하는 자리

좋은 벼슬이란 본디 없습니다.

스스로 만들어가지 않으면 안 되는 것입니다.

만에 하나 찬작하지 않고 천작天爵을 바랄 수 없으며

천작 없이 인작人爵을 바랄 수는 없습니다.

인작이 아무리 높고 중하다 하더라도

호작好爵으로 다듬어가지 않는다면

아예 높은 자리에 나가지 않음만 못합니다.

절로 따라오는 호작이라 하더라도

청렴을 바탕으로 하여 언제나 국민과 함께 할 때

호작이 되고 빛나고 또 오래갈 것입니다.

<103>

도都읍邑화華하夏

동東서西이二경京

0409 **도읍 도 都**

0410 **고을 읍 邑**

0411 **빛날 화 華**

0412 **여름 하 夏**

중국에서 대도읍을 거론한다면

동서울과 서서울로 두곳이로다

0409 도읍 도都

都

도읍 도都 자의 부수는 우부방阝이고
소릿값은 놈 자者 자입니다.
우부방은 고을 읍邑 자가 원형이고
좌부방은 언덕 부阜 자가 원형이지요.
언덕과 고을의 이미지는 약간 다릅니다.
언덕이 약간이라도 '높은 지대'라면
고을은 마을을 형성한 '들판'의 개념입니다.

중국 지형은 우리나라와 달리 서고동저西高東低로
히말라야와 쿤룬 산맥崑崙山脉 , 티엔산 산맥天山山脈
알타이 산맥 등 서쪽의 높은 지대에서 시작하여
동쪽으로 갈수록 지대가 낮아집니다.
강의 흐름이 서에서 나와 동으로 흐르지요.
따라서 중국문화를 서출동류西出東流라 합니다.

우리나라 동쪽에 있는 바다는 동해인데
서쪽에 있는 바다는 서해가 아니고 황해입니다.

도都읍문화華하夏

나는 참으로 안타깝고 아쉽게 여깁니다.
동해 역시 우리나라 지도가 아닌
영문판 세계지도에는 동해가 아닙니다.
대부분의 표기가 일본해japan sea입니다.
아무튼 서해는 왜 서해가 아니고
황해黃海yellow sea일까요.
중국 황하문명의 거대한 틀 때문입니다.

우리 대한민국의 100배에 해당하는
거대한 중국대륙을 가로질러 흐르는 대하
창지앙長江changjiang과 함께
5,463km를 흐르는 후앙허黃河huanghe는
중국의 삶과 역사를 고스란히 담고 있습니다.
이 후앙허가 동으로 흐르면서
중국의 동해를 황토 빛깔로 물들이고
마침내 바다 이름까지 황해로 붙였습니다.
게다가 우리나라 조선반도에
황해도란 지명까지 붙이게 한 것입니다.

우리나라는 동쪽이 높고 서쪽이 낮아
한강도 동출서류東出西流지요.
유일하게 서울시 한복판 청계천淸溪川이

서쪽에서 발원하여 동쪽으로 흐르는
이른바 서출동류西出東流입니다.
청계천을 두고 중국을 제국으로 섬겼던
조선시대 정치인들과 유생들은 물론
관료들까지도 한양을 작은 중국에 견주어
중국의 환심을 사려 애를 썼습니다.

따라서 중국은 서부동읍西阜東邑으로
부방변을 붙일 때도 변은 같은 글자 부阝지만
지향하는 이미지는 좌부방阜과
우부방邑을 염두에 두고 붙였습니다.
가령 지금처럼 우부방의 도읍 도都 자가
좌부방의 담 도/둔덕 도階로 바뀐다고 하면
아래 펼쳐진 도시 자체의 의미보다
도시가 등지고 있는 둔덕의 뜻이 강할 것입니다.

앞에서 살펴보듯 우부방과 좌부방의 원형은
읍邑 자와 부阜 자인데
둘 다 같은 꼴의 글자이므로
변을 찾을 때는 그냥 '부'자에서 찾습니다.
글자를 쓴 뒤 오른쪽에 붙이면 우부방이고
왼쪽에 붙이면 그냥 좌부방일 뿐입니다.

중국 지형이 서고동점이라 했는데
좌부우읍左阜右邑이 이제 이해가 가시는지요.

도읍 도都의 도읍과
고을 읍邑의 고을은 어떤 차이일까요.
둘 다 도시인 것은 맞지만
도읍은 큰 개념이고 고을은 작은 개념입니다.
따라서 도읍 도都 자의 뜻은
영어 캐피탈 시티Capital City거나
메트로폴리탄The Metropolitan이지요.
그리고 고을은 그냥 시티City 정도입니다.

도읍 도都 자에는 서울, 대도시, 수도, 나라, 성, 마을, 동네
그루터기, 우두머리, 수령, 감탄사, 대개, 모두, 다, 있다
자리하다, 우아하다, 요염하다, 아름답다, 성하다
왕성하다, 크다, 모이다, 쌓다, 저축하다
시험해보다 따위 뜻이 있고
웅덩이나 못을 얘기할 때는 도읍 도都가 아니라
'못 지都'로 발음합니다.

이들 의미 가운데 대개, 모두, 다, 모이다
우두머리와 같은 뜻이 있듯이

옹기종기 놓인 작은 도시가 아니라
그 나라를 대표하는 가장 큰 도시입니다.
우리가 보통 어떤 것을 지칭할 때
"어허 그놈!" 할 때와
"허, 고 녀석!" 할 때 느낌이 다릅니다.
도읍 도都의 소릿값이 '놈 자者' 자라면
녀석이란 개념보다는 중후해 보이지 않나요.

역대 임금과 왕비들의 신위를 모신
종묘가 있는 곳이 어디입니까.
맞습니다. 도都입니다.
농업국가에서 토지신 곡식신을 모신
사직단이 있는 곳이 어디입니까.
맞습니다. 도都입니다.

고을 읍邑 자 자체가 부수입니다.

위의 입 구口 자는 입 구口 자가 아니고

에워쌀 위口고 '큰입구몸'입니다

얼핏 보면 날 일日 자, 가로 왈曰 자처럼

분간하기가 좀 어려운데

자세히 보면 크기가 약간 다릅니다

나라 국國, 동산 원園, 둥글 원圓, 가둘 수囚, 인할 인因

둥글 단團, 후릴 와圌, 아이 건囝, 아이 입囜 등

80여 자가 있는데 에워쌀 위, 큰입구몸이 부수입니다.

고을 읍邑 자 아래는 파巴 자입니다.

꼬리, 뱀꼬리를 뜻하는데

프랑스佛蘭西의 수도 파리巴黎가 있듯

땅 이름 파巴 자로도 새깁니다

여기서 한 가지 짚고 갈 게 있습니다.

우리는 중국의 음역을 고스란히 가져와

프랑스를 중국어 음역 표기 '佛蘭西'로 적고

발음은 중국어 발음으로 읽지 않고
우리나라에서 쓰는 한자 발음으로 읽습니다.

중국인들은 '佛蘭西'를 '훠랑스'로 읽습니다.
그런데 우리는 어찌 읽습니까.
'불란서佛蘭西'로 읽고 있지 않나요.
인도의 다른 음역에 '身毒'이 있습니다.
중국어 발음은 센뚜shendu로서
빠르게 읽으면 '인도'에 가깝게 들립니다.
그런데 우리는 중국의 음역을
다시 우리 한자로 읽으니까 '신독'이 됩니다.

이는 《룬위論語》의 신독愼獨도 아니고
히말라야 남쪽의 대륙 인도도 못 되고
어정쩡한 지명이 되고 맙니다.
중국의 음역이 잘못된 게 아닙니다.
이 중국의 '소리 옮김音譯'을
우리네 한문으로 읽도록 가르치는
소위 '잘못된 교수법'이 문제일 뿐입니다.

비율빈比律賓은 필리핀의 중국어 음역입니다.
중국어 발음은 삐리삔bilubin인데

都읍문화華하夏

우리는 '비율빈比律賓'이라 읽고 있습니다.
120여 년 전에 커피coffee가 들어왔습니다.
이 커피를 저급(?)한 언문으로 표기하자니
아무래도 마음에 좀 걸렸겠지요.
중국말에서 찾아보니 가배咖啡가 있었습니다.
珈琲라는 음역도 있지만 표준은 咖啡입니다.

우리나라 차茶 관계 논문에도
가배咖啡라는 내용이 자주 열거되는데
이 가배가 커피인 줄 모르고
그냥 대용차代用茶로 이끌어 쓰고 있습니다.
중국어 음역 咖啡는 카페이kafei입니다.
한문을 한문으로 읽는 것은 괜찮습니다.
그러나 중국 고대의 한문일지라도
고유명사나 외래어 음역은
중국어 발음으로 읽거나
아니면 원어 발음에 가깝게 읽어야 합니다.

얘기가 너무 옆길로 샜습니다.
어찌하여 좌부방은 언덕 부阜고
우부방은 고을 읍邑인가를 설명하다가
엉뚱한 길로 들어섰습니다.

스마트한 내비 양이 주의를 줍니다.

"이 길로 가시면 먼 길로 되돌아가시게 됩니다."

예전에는 좋은 벼슬好爵에는 따라붙는 게 있었습니다.
이를테면 봉읍封邑 제도system입니다.
공작은 사방 5백 리
후작은 사방 4백 리
백작은 사방 3백 리
자작은 사방 2백 리
남작은 사방 1백 리 봉읍입니다.
봉읍은 봉지 또는 영지를 봉토로 받음이지요.

나는 중국의 관직 이름에
공작 후작 백작 자작 남작이 있었는지
자세한 것은 아직 잘 모릅니다.
그러나 뚜안위차이段玉裁의 기록에
이런 제도가 기록되어 있다면
중국 관직에 공작~남작이 있었을 것입니다.

화華는 나무꽃이요, 영榮은 풀꽃입니다.

수秀는 꽃이 피고 열매를 맺음이요

영英은 꽃은 피되 열매를 맺지 않음입니다.

화려할 화/빛날 화華 자는

꽃 화花 자의 옛글자로서 함께 쓰입니다.

이 화華 자에는 열 십十 자가 6번 겹치므로

만60세, 화갑華甲을 나타내기도 하지요.

담긴 뜻은 다양합니다.

움직씨動詞, 그림씨形容詞로는

빛나다, 찬란하다, 화려하다, 사치하다

호화롭다, 번성하다, 머리가 세다 따위이고

이름씨名詞로는 꽃, 광채, 때, 세월, 시간

산 이름, 중국, 중국어 따위가 있는데

여기서는 시아夏xia와 함께 중국을 뜻합니다.

다른 꼴 같은 뜻 글자로

빛날 화华 자 외에

빛날 화琴, 빛날 화華, 빛날 화穆 자가 있습니다.

0412 여름 하夏

부수는 천천히걸을 쇠攵로서

무더운 여름철이 되면 걸음이 늦어지고

정수리一 아래 l 로 땀이 흘러내려

눈目을 뜨기가 힘들어攵진다는 뜻입니다.

본디 큰 건물building厦, 厦xia을 의미하며

빌딩에 바람이 불어와서 부딪히게 되면

소리가 '씨아~'하고 난다고 느꼈습니다.

그리하여 '시아夏xia' 라 발음하게 된 것입니다.

시아夏xia는 고대 중국 왕조의 하나입니다.

기원전 22세기 말, 21세기 초부터

기원전 17세기 초까지 번성했는데

위왕禹王yuwang에 의해 세워진 나라였지요.

외국에 나가 있는 중국 사람을 얘기할 때
우리는 보통 '화교華僑'라 일컫습니다.
화교의 '화華hua'가 중국을 대변하듯
고대 중국은 '시아夏'였습니다.

왕조뿐만 아니라 여름 하夏 자에 담긴 의미는
시아夏왕조를 비롯하여 여름, 중국, 중국 사람, 춤 이름
채색, 오색의 배색, 여름 안거夏安居
크게 지은 건물, 빌딩, 크다 따위가 있고
'가'로 발음할 경우 회초리 가夏, 개오동나무 가夏입니다.
이체자로는 여름 하夒 자가 있고
또 이렇게 쓰는 여름 하昰 자도 있습니다.

<104>

도都읍邑화華하夏

동東서西이二경京

0413 **동녘 동 東**

0414 **서녘 서 西**

0415 **두 이 二**

0416 **서울 경 京**

중국에서 대도읍을 거론한다면

동서울과 서서울로 두곳이로다

똥시东西dongxi, 이때 '시'는 경성輕聲으로 냅니다.

구체적이거나 추상적인 것, 물건, 사물, 물품

밥, 차, 술, 물, 음식물 따위를 포함합니다.

동물이나 사람을 좋아하고 싫어할 때

그런 감정을 담아 부르는 호칭인데

놈, 자식, 새끼, 이것, 저것, 그것 따위입니다.

1) 화이똥시杯东西huaidongxi 나쁜 놈, 자식

2) 샤오똥시小东西xiaodongxi 꼬맹이, 꼬마 녀석,

   값싸고 작은 물건

3) 하오똥시好东西haodongxi 좋은 거

   또는 좋은 놈, 괜찮은 놈, 괜찮은 녀석

4) 똥시东西dongxi, 모두 제1성으로 낼 경우

   동쪽과 서쪽을 가리키며 또는 동쪽에서 서쪽까지의

   거리이기도 합니다.

5) 똥...시东...西dong...xi, 역시 모두 제1성으로 낼 경우

   여기저기, 이곳 저곳, 이것저것 이리저리하다 입니다.

0413 동녘 동東

東

사람이 살아감에 있어서 필요한 것은
뭐니뭐니해도 시간時間일 것입니다.
오늘날처럼 시계가 없던 옛날에는
해그림자를 보고 때를 가늠했습니다.
1961년 4월, 나는 아홉 살이었습니다.
내가 태어난 마을 이름도 하대리 '아홉사리'였는데
학교에 들어간 나이도 아홉 살이었습니다.

강원도 횡성군 갑천면 하대리 '아홉사리' '일명 검두'에서
상대리에 있는 금성국민[초등]학교까지는
고작해야 2km남짓이었는데
어렸을 때는 그 길이 무척이나 멀었습니다.

학교에서는 가끔 숙제를 내주었는데
탄피彈皮cartridge case를 주워 가는 일이었지요.
1950년 여름 6.25 한국전쟁이 터지고
1953년 휴전협정이 체결되던 해

바로 그해 겨울에 태어난 내가
탄피를 주으러 산길을 헤매야 했습니다.

목표치가 정해진 것은 아니지만
아무튼 탄피를 많이 주워 가면
학교에서는 연필 한 자루씩을 주었습니다.
그런데 더러 큰 문제가 터지곤 했지요.

산으로 골짜기로 탄피를 찾아 헤매다 보면
어떤 아이들은 탄피만이 아니라
더러 총알bullet을 줍기도 했고
호기심에 그 총알을 가지고 놀다가
총알이 터지면서 크게 다치기도 했습니다.

그런 일이 있은 뒤 집으로 돌아오는 길이 무서웠습니다.
나는 원체 겁이 많고 생각이 부실하여
어떤 때는 학교에서 집까지
내내 징징 울면서 오기도 했으니까요.
그래도 또래들이 함께 걸을 때는
거리가 생각보다 가깝게 느껴졌습니다.
그럴 때는 집에 왔다가 아이들과 함께 뜀박질로 학교까지
다시 다녀오기를 두세 번도 마다하지 않았습니다.

그러다가 제일 신나는 날은
신작로 위를 달리는 트럭을 만날 때였습니다.
먼지를 뽀얗게 뒤집어쓰면서도
거의 트럭을 잡아 얻어 타고는 했습니다.

대각선으로 멘 책보 안에서는
필통 속 연필이 맘껏 달그락거렸지만
우리는 아랑곳하지 않았습니다.
차에 탄 뒤 어김없이 물어보는 말이 있었는데
"아저씨, 지금 몇시예요?"

절에 들어와서 알게 되었지만
어렸을 때 학교 다니면서 멘 책보가
대가사처럼 편단우견偏袒右肩이었습니다.
내 기억으로는 책보를 멜 때
왼쪽 어깨에서 오른쪽 겨드랑이로
언제나 그렇게 메고 다녔습니다.

요즘, 숄더백shoulder bag은
보통 반대로 메고 다니는데
가방이 오른손에 걸리적거리기 때문입니다.
삶에 있어서 시간은 중요합니다.

모든 걸 다 비우고 살아야 한다면서도
비우지 못하는 게 시간입니다.

동녘 동東 자의 변신을 보실까요?
이른 아침이면 붉은 태양日이
나뭇가지 사이木로 걸쳐東 오르고
한낮이 되면 태양日은
나뭇가지 위木로 떠서杲 지나갑니다.
저녁이 되고 날日이 저물면
해日는 그루터기木 아래杳로 숨어듭니다.

동東 자는 왜 발음이 '동dong'일까요?
동東은 동動의 뜻입니다.
밤새 푹 쉰 뒤 새벽이 되고 아침이 되면
태양은 기지개를 켜고 활동을 시작합니다.
따라서 동東은 동動이고 움직임이기에
동녘 동東 자를 '동'이라 발음하게 되었지요.
따라서 동東은 움직임動인 동시에
밝음洞이며, 눈을 뜸瞳이며, 붉음彤이며
굼닐음働이며, 격려함董이며, 먼동이 틈曈입니다.

西

그럼 서녘 서는 왜 발음이 '서seo'일까요?

서녘 서西 자는 깃듦棲입니다.

해가 저물면 새는 둥지에 깃들지요.

사바세계에서의 지친 삶을 마감하고 나면

과연 어디로 가야 편히 깃들겠습니까?

서방정토 극락세계에 깃들 일입니다.

따라서 서西는 감逝이며, 함께함舒이며, 깃듦棲이며

의지捿, 안김撦, 용서恕, 하루의 마감聲이며

마침내 잠자리墅에 들어감입니다.

서녘 서西 자를 옮길 천遷 자와 연결시켜

왕생往生의 의미를 드러내고 있음은

천도遷度의 '遷'의 서녘 서西 자 때문입니다.

불교에서는 혹 천도薦度로 표기하는데

천遷이 '옮길 천遷'이라면

천薦은 '천거할 천薦'으로 풀이됩니다.

55

새김은 다르지만 같은 뜻입니다.
서녘 서西 자도 왕생극락의 표지입니다.
작열하는 한낮의 태양이 기세를 꺾고
시원한 바람과 함께 저녁이 오면
사람들은 아름다운 낙조落照를 바라보며
서방정토 극락세계를 동경했습니다.

그런데 이《천자문千字文》에서의 동東과 서西는
동도東都와 서도西都를 일컫는 말입니다.
동도가 어디입니까?
허난성河南省에 위치한 옛 도시입니다.
우리 발음으로는 낙양洛陽이고
루오양洛阳luoyang이라 표기하는 도시지요.

동東서西이二경京

서기 2000년, 유엔 발표에 따르면
면적이 서울 25배 크기에
인구가 150만 명이었다 하며
일설에는 600만 명이라고도 합니다.

성주城主/聖主 풀이

1

낙양성洛陽城 십리허十里墟에
높고 낮은 저 무덤은
영웅 호걸이 몇몇이며
절세가인絶世佳人이 그 누구냐
우리네 인생人生 한 번 가면
저기 저 모양이 될 터이니
에라 만수萬壽, 에라 대신大神이야

2

저 건너 잔솔 밭에
설설 기는 저 포수捕手야
저 산비둘기 잡지 마라
저 산비둘기 나와 같이
임을 잃고 밤새도록
임을 찾아 헤매노라
에라 만수, 에라 대신이야

3

한 송정松亭 솔을 베어

조그맣게 배를 지어
슬렁슬렁 배 띄워 놓고
술이나 안주 가득 싣고
강릉 경포대 달구경 가세
두리둥실 달구경 가세
에라 만수, 에라 대신이야

그렇다면 서도西都는 어디일까요?
중국 산씨성陝西省shanxi Sheng에 있는
시안시西安市xian city입니다.
예전에는 츠앙안長安changan이라 했는데
영원한 안식처 극락極樂을 뜻하는 이름이지요.
우리나라 경기도 수원시에 지역 이름 장안구가 있는데
이 장안과 함께 경기도 안양安養도 극락세계 다른 이름입니다.

이 아름다운 극락의 츠앙안이 동쪽 허난성에 신도시
루오양이 생기면서 서쪽의 도시라 하여 시안시로 바뀝니다.
중국은 시안을 시징西京이라 했는데
그 내용을 한번 살펴볼까요.

현재 중국의 수도로 북쪽의 베이징北京과
남쪽의 도시 난징南京

서쪽의 도시 시징西京/西安/长安

동쪽의 도시 상하이上海

내륙의 도시 루오양洛阳은 물론이고요

신라의 수도 왕경王京/서라벌

고려의 수도 개성開城

조선의 도시 한양漢陽/한성漢城

대한민국의 수도 서울首尔

일본의 수도 도쿄東京

베트남의 도시 통킹東京과 연결지었습니다.

이런 일련의 지명들을 보면

중국의 속셈이 엿보인다 하겠습니다.

고대 신라 고려 조선조로부터

얼마전까지도 서울을 한청漢城이라 불렀지요.

하긴 중국을 나무랄 것도 없이

우리나라 사람들은 스스로 서울을

'서울장안'이라 묶어서 불렀는가 하면

수원에 '장안長安'을 두었고

순천에 '낙안洛安' '낙안읍성'을 두었는데

중국의 낙양과 장안을 묶어서 부른 것입니다.

동東서西이二경京

낙동강洛東江은 우리나라에서 가장 긴 강인데

강원도 태백시 황지에서 발원하여

510km를 남쪽으로 흐르면서

우리나라 전체 면적의 23%를 적시는 강으로

기여도가 거의 한강에 맞먹습니다.

이는 중국 낙양 동쪽에 있는 강이란 뜻으로

중국에서 붙이지 않았다면

우리 스스로 알아서 붙였을 것입니다.

0415 두 이二

二

두 이二 자는 숫자 2를 뜻하며

두 이/갖은두 이貳 자도 있습니다.

이 두 이二 자를 지금은 이렇게

위가 짧고 아래가 길게 쓰고 있습니다만

예전에는 똑같은 길이로 썼습니다.

위를 짧게 하면 '윗 상ㅗ'자가 되고

아래가 짧으면 '아래 하ㅜ'자가 되었습니다.

다시 말해 현재의 두 이二 자가

그대로 두면 '윗 상'자이고

뒤집어 놓으면 '아래 하'자가 되었으니까요.

0416 서울 경京

경京은 사람이 만든 높은 언덕입니다.

인공으로 만든 높은 언덕이라면

돌이나 벽돌로 쌓은 담장wall이지요.

적이나 불순한 이들의 침입을 막고

왕과 왕실을 보호하기 위해 쌓은 성곽입니다.

돼지해머리두亠 부수에

입 구口 자와 작을 소小 자를 썼습니다.

돼지해머리두亠를 보면

평평한 대지一 위에 건물을 높이丶 지어

창문口을 통해 작은小 햇볕日도

다 받아들이려 했던 데서 건물을 뜻합니다.

왜냐하면 통자通字 '서울 경京'에서는
입 구口 대신 날 일日 자를 놓았으니까요.

서울 경京 자와 볕 경, 그림자 영景 자는
은연중隱然中 서로 관련이 있습니다.
이미 짐작했겠지만 '볼거리景'입니다.
볼거리는 표준의 볕 경, 그림자 영景 외에
볕 경, 그림자 영暻이 있고
볕 경, 그림자 영璟이 있습니다.
왜 볕과 그림자를 한 글자에 담았을까요.
볕이면 볕이고 그림자면 그림자지
한데 묶은 이유가 대관절 무엇이겠습니까.

우리가 상식적으로 알기는
볕 경景 자와 그림자 영影 자는 다릅니다.
분명 볕 경景에 터럭 삼彡 자를 붙였습니다.
그러나 볕, 또는 빛은 그 나름만으로는 구분할 수 없습니다.
튤립이 빨갛게 보이고 개나리가 노랗게 보이는 것은
튤립이든 개나리든 질량을 가진 까닭입니다.

질량을 가진 것은 빛의 직진성直進性을 가로막습니다.
그러기에 빛은 빛깔을 드러내고

물체는 그림자를 드러내게 되어 있습니다.
지구에 사는 우리가 지구가 없다면
낮과 밤이 있을 수 있겠습니까.

하나님은 구약의 천지창조에서 말씀하십니다.
빛이 있으라 하시매 빛이 있었다고요.
그러나 태양과 지구가 먼저 있었기 때문에
바야흐로 빛과 어둠이 존재하게 된 것입니다.

서울京, 京과 볼거리景, 暻, 景, 影가
다 같은 의미라고 한다면 서울은 관광명소 맞습니다.
영어 sightseeing이 볼거리고 빛이지요.
루오양과 시안을 가보지 않았지만 한번 가보고 싶습니다.

"그나저나 지금 몇시입니까?"

<105>

배背망邙면面낙洛
부浮위渭거據경涇

0417 **등배**背

0418 **북망산 망** 邙

0419 **낮면** 面

0420 **물이름 낙** 洛

64
배背망邙면面낙洛

북망산하 낙수향한 동도의낙양
위수끼고 경수걸친 서도의장안

0417 등 배 背/揹

背

등 배背 자를 보면 외움이 생각납니다.

서당의 훈장님이 말씀하셨습니다.

"배서背書해 보거라!"

내가 여쭈었지요.

"훈장님, '배서'라시면?"

"지금까지 배운 것을 외워보란 말이다."

나는 석달 동안 주경야독으로 배운

《명심보감》 원문原文을 외우기 시작했습니다.

'자왈 위선자는 천이 보지이복하고

위불선자는 천이 보지이화니라~'

훈장님이 회초리로 방바닥을 치셨습니다.

"배서하랬더니 어찌하여 책을 덮지 않는 것이냐?"

내가 되물었습니다

"외우라 말씀하셔서 외우는 중입니다."

"배서란 외우라는 뜻이기도 하지만

펼친 책을 덮으라는 뜻이기도 하느니라."

65

배背맘닫면而낙洛

나는 책을 덮었습니다.
그리고 이어서 외워나가기 시작했지요.
'한소열이 장종에 측후주왈
물이선소이불위하고 물이악소이위지~'
명심보감 원문 암송이 모두 끝나기까지는
그 당시 시계가 없어 정확히 알 수는 없었으나
꽤 많은 시간이 흘렀습니다.

원문을 한 글자도 놓치지 않고 다 외우자
훈장님께서 말씀하셨습니다.
"해석도 외울 수 있겠느냐?"
"네, 훈장님. 외워보겠습니다."
학동學童들의 시선이 느껴졌습니다.
원문을 욀 때 내내 나를 바라보았는데
우리말 풀이까지 외워보겠다고 하니
나름대로 모두들 놀라는 눈치였습니다.

나는 훈장님께 말씀드렸지요.
"훈장님, 풀이만 외는 것은 어려울 듯싶고요."
학동들의 표정에서 긴장이 풀렸습니다.
'그럼 그렇지. 어떻게 풀이까지야!'
나는 훈장님께 자신있게 말씀드렸습니다.

"원문 외고 해석 외고 원문 외고 풀이 외고
이런 식이라면 가능하겠습니다. 훈장님."

훈장님께서도 믿지 못하겠다는 눈치셨습니다.
"그래? 그럼 책을 덮어 한쪽으로 밀쳐라.
그런 뒤에 한번 배서답게 배서해보거라."
나는 책을 덮어 접장接長에게 주었습니다.
1966년 삼복더위가 자리를 함께 했지만 좋았습니다.

배서가 끝날을 때 접장이 말했습니다.
"훈장님, 딱 한 대목이 빠졌습니다."
훈장님이 접장에게 물으셨지요.
"어느 대목이 빠졌느냐?"
"네, 훈장님. 언어편言語篇입니다."
"언어편 어느 대목이더냐?"
"네, '일언부중이면 천어무용이니라'입니다."

훈장님께서 내게 물으셨습니다.
"어떤 내용이며 무슨 뜻이냐?"
"네 훈장님. '한 마디 말이 맞아떨어지지 않으면
천 마디 말이 쓸 데 없다'는 뜻입니다."
훈장님께서 내 어깨를 두드리셨습니다.

"네 해석이 맞다. 장하구나 진균아!
원문과 풀이 한 대목이 빠지긴 했지만 그만하면 됐다.
내 네게 상賞으로 호號 하나를 지어주겠다."

이재훈 훈장님은 즉석에서
'옥은玉隱'이란 호를 지으신 뒤 붓글씨로
내《명심보감》책 표지 앞에 일필휘지로 써 주셨습니다.
'옥이 땅속에 묻혀 있으니 언젠가는 진면목을 드러낼 것'
이라시며~
지어준 호는 1975년 봄 절에 들어오기 전까지
내 소유 모든 물건에 적어놓곤 했습니다.

배서背書, 암송暗誦recitation입니다.
일반적으로 책장이나 서면 뒤에
쓴 글씨를 배서라고 하지요
또는 어음이나 수표에 쓰는 글씨를 뜻합니다.
중국어에서 베이쑤背书Beishu는 암송을 뜻합니다.
50여 년 전 훈장님은 중국어는 아니지만
'배서背書'를 암송으로 풀이하신 것입니다.

등 배背 자는 육달월月 부수에
소릿값인 달아날 배/북녘 북北을 붙였습니다.

북北 자는 사람이 등을 맞댄 모양으로
등지다, 배신하다, 달아나다의 뜻입니다.
이 밖에도 뒤, 집의 북쪽, 속적삼襦, 햇무리
물러나다, 죽다, 외우다, 암송하다
배반하다, 등 뒤에 두다 따위가 있고
8괘 중 하나인 '간괘艮卦'를 뜻하기도 합니다.

0418 북망산 망邙

베이망산北邙山beimangshan은

허난성河南省 루오양洛阳 동북에 있는 산으로
죽어서 가는 곳, 뼈를 묻는 곳으로 유명합니다.
우리나라에는 '근심 떠난 마을'
망우리忘憂里가 대표적이지요.
1933년 일제日帝 때 개장開場한 공동묘지가
40년 뒤인 1973년에 이르러
더 이상 시신을 묻을 곳이 없었습니다.
그러다가 1993년 개장한 지 60년 만에

무연고묘를 정리하면서 공원으로 만들었지요.

북망산 망邙 자는 우부방 阝이 부수이고
죽을 망, 망할 망亡이 소릿값입니다.
이 북망산 망邙 자를 놓고 보면
글자 자체에 '죽음亡의 고을 阝'이 담겨있습니다.
새김 말 북망北邙도 북망이지만
등 배背 자의 소릿값 북녘 북北 자에도
역시 북망의 뜻이 고스란히 들어있습니다.

어찌하여 남망南邙이나 동망東邙
또는 서망西邙이 아니고 북망이겠습니까.
따지고 보면 루오양洛阳 동북쪽이기에 간방艮方입니다.
그러나 북쪽으로 좀 더 치우쳐 있는 까닭에
간망산艮邙山도 아니고 북망산입니다.
내 말 내 해석이 좀 어렵다고요?
어려운 만큼 정확도는 훨씬 높습니다.

0419 낯 면面

面

면面은 입체의 평면이거나 겉면이고
겉으로 드러난 쪽의 바닥을 가리킵니다.
국수 면, 밀가루 면麪/麵/糆/麺 자와 같으며
속자俗字로는 얼굴 면, 낯 면面 자로 쓰기도 합니다.
면面은 사람의 얼굴과 윤곽을 나타내는데
나중에 물건의 거죽을 뜻하게 되고
'얼굴을 그쪽으로 돌리다' 등으로 쓰였습니다.

하늘一 아래丅 처음 만나는 게 무엇입니까?
다름 아닌 얼굴面입니다.
전체적인 얼굴의 윤곽口 안에
코目가 들어있는面 모습입니다.
이는 눈目이지 코自가 아니라고요?
형불여면 면불여안形不如面 面不如眼입니다.
사람됨을 알아보는 데 있어서는
형체보다는 얼굴이고 얼굴보다는 눈이지요.

그러므로 코自가 얼굴의 중심이면서

눈目이 코를 대신할 수 있습니다.

코自와 눈目은 점丶하나 차이일 뿐입니다.

어떤 경우 코目 대신 입口이라고 합니다.

그래서 입을 그리기回도 하지요.

얼굴 면, 낯 면面, 靣 자는 매우 사실적입니다.

낯 면面 자 부수의 글자들을 한번 볼까요.

靣낯 면, 밀가루 면, 面낯 면, 밀가루 면,

酚머리가 튀어나온 모양 함

靤얼굴 모양 시, 靦, 靦뻔뻔스러울 전

靤여드름 포, 靬너그러울 전

靪늙을 잔, 靨추할 점, 靥/靨보조개 엽

靧뺨 보, 靧얼굴 퉁퉁할 회

靤눈매가 예쁜 모양 원, 靤겉이 푸른 모양 마

靧세수할 회, 靤여윌 초

靤창백할 료, 창백할 요, 靤검 검, 검 첨

靤얼굴이 작은 멸 등입니다.

그러고 보면 한자漢字는 매우 구체적입니다.

우리말의 '얼굴' '낯' '낯짝' '상판대기'나

영어의 페이스face처럼 간단하지 않습니다.

눈매, 보조개, 작은 얼굴, 여윈 모습, 뺨

퉁퉁한 얼굴, 푸른 빛 얼굴, 여드름

머리가 튀어나온 모습, 추한 얼굴, 늙은 얼굴

너그러운 얼굴, 뻔뻔스런 얼굴

부끄러운 얼굴 모습에 이르기까지 표현이 다양합니다.

 낯 면面 자에는 낯, 얼굴 외에

표정, 얼굴 빛, 모양, 모습, 겉, 표면, 탈, 가면, 겉치레

앞, 면전, 쪽, 방면, 밀가루, 행정구역 단위

물건 세는 단위, 보릿가루, 국수, 만나다, 대면하다

향하다, 등지다, 외면하다 따위의 뜻이 들어있습니다.

0420 물이름 낙/락洛

삼수변氵에 각각 각各 자를 썼습니다.

다른 글자로는 물 이름 낙/락泉 자가 있는데

물 이름 약/략泉으로 새기기도 합니다.

한편 낙수 낙洛이라고도 하며

물의 이름, 강의 이름, 서울 이름, 잇다
잇닿다, 서로 이어져 맞닿다, 다하다
물방울 듣는 소리 등의 뜻이 들어있습니다.

베이망산北邙山은 세계적 공동묘지입니다.
이 공동묘지는 루오양洛阳에 있습니다.
루오양은 허난성河南省에 있고요.
허난의 허河가 물의 흐름이고
루오양의 루오洛 역시 물입니다.
중국 역사상 역대 13개 왕조의 수도였으며
8개 왕조에서는 제2의 수도였습니다.
시아夏의 문명은 4000~5000년 전입니다.

이처럼 시아夏의 문명이 허난 루오양에서
오래도록 지속될 수 있었던 것은
루오양의 '루오'라는 강물 덕분입니다.
대도시가 형성되고 유지되기 위해서
필요불가결한 게 있다면 다름 아닌 물입니다.
평양에 대동강大東江이 있고
서울특별시에 한강이 있는 것처럼
시안西安을 거쳐 루오양洛阳으로 이어지는
루오쉐이洛水/루오허洛河가 없었다면

루오양은 중국의 중원이 되지 못했을 것입니다.

앞에서 나는 낙동강洛東江이
중국 낙양의 동쪽 흐름이라 언급했는데
낙수洛水가 흐름의 중심이 되어
동쪽을 경북 상주시 낙동면으로 삼고
서쪽을 경남 의령군 낙서면으로 삼았습니다.
그만큼 낙수라는 물의 흐름은 중요합니다.

중국 고대 수도 허난성 루오양에서
삶의 세계인 루오쉐이洛水 남쪽과
죽음의 세계인 루오쉐이 북쪽의 베이망산을
하나로 이어주는 게 루오쉐이입니다.

우리 한강漢江이 대하민국의 수도首都 서울특별시를
결코 강북과 강남으로 가르는 것이 아니라
하나로 이어주는 삶의 매개媒介이듯이
루오쉐이는 루오양과 베이망산을 연결짓는
인터메디에이션Intermediation입니다.

나는 생명입니다.
당신은 생명입니다.

우리 모두는 생명입니다.

더없이 고귀한 생명입니다.

70% 이상이 물로 이루어진 생명입니다.

단 한 순간도 물을 떠나서 살 수 없고

단 한 치의 공간도 물 없이는 살 수 없습니다.

시공간時空間만이 아닙니다.

사람과 사람 사이에서도

생명과 생명 사이에서도

생명과 비생명 사이에서도

촉촉하게 적셔주는 소위 물기가 없이

메마른 정서만으로는 살아갈 수 없습니다.

천자문을 다시 새깁니다.

중국에서 대도읍을 거론한다면

동서울과 서서울로 두곳이로다

북망산하 낙수향한 동도의낙양

위수끼고 경수걸친 서도의장안

<106>
배背망邙면面낙洛
부浮위渭거據경涇

0421 뜰 부 浮

0422 위수 위 渭

0423 근거 거 據

0424 경수 경 涇

북망산하 낙수향한 동도의낙양
위수끼고 경수걸친 서도의장안

0421 뜰 부浮

뜰 부浮 자는 삼수변氵에 미쁠 부孚가 소릿값입니다.
'미쁘다'는 그림씨로 '믿음성이 있음'이며
붙다, 붙이다, 달리다, 알이 깨다, 빛나다, 기르다, 자라다
옥이 빛나는 모양, 껍질, 겉 겨, 알, 씨를 뜻합니다.
손톱 조爪에 아들 자子가 합쳐진 글자로
새가 발로 알의 위치를 바꿔가며
품는 것을 뜻하는 그런 글자입니다.

이 미쁠 부孚 자에 삼수변氵을 붙여
뜰 부浮 자로 만든 것은 나름대로 의미가 있습니다.
뜰 부浮 자에는 여러 가지 뜻이 있는데
물에 뜨다, 떠다니다, 떠서 움직이다, 가볍다, 근거가 없다
진실성이 없다, 덧없다, 정함이 없다, 넘치다, 지나치다
높다, 은혜 갚음을 받다, 행하다, 부표, 낚시찌, 체벌
높은 모양, 하루살이, 맥脈의 이름 따위로
얘기할 수 있습니다.

渭

위수 위渭 자의 부수는 역시 삼수변氵이며

위장 위胃 자가 소릿값에 해당합니다

물 이름, 강 이름, 이리저리 떠돌아다니다

흩어지다 따위로 새길 수 있습니다.

중국의 간쑤甘肅Gansu에서 발원하여

산시陝西Shanxi로 흘러들어갔다가

시안西安Xian에서 징쉐이涇水Jingshui와 만나

후앙허黃河Huanghe로 들어가는 강입니다.

위장 위胃 자가

지금은 육달월月에 밭 전田 자이지만

전에는 밭 전田 자가 아니었습니다.

에울 위口 안에 쌀 미米자를 넣었는데

나중에 벼 화禾를 안에 넣은 곳집 균囷이 되었다가

다시 그것도 번거롭다고 하여

밭 전田 자로 바뀌게 되었습니다.

쌀 미米 자가 6획이라면

벼 화禾 자는 5획이고

밭 전田 자는 2획이니까요.

혹 2획이 아니라 4획인가 ̄ ㅎㅎㅎ

위胃는 소화기관입니다.

음식물을 소화시키는 1차 기관인데

음식물을 대표하는 것이 곧 쌀米이었습니다.

그런데 그 쌀은 벼禾에서 얻지요.

그렇다면 그 벼는 어디에서 얻습니까.

당연히 논畓에서 얻습니다.

그런데 왜 논 답畓 자가 아닌 밭 전田 자일까요.

논은 벼禾와 쌀米을 생산함이 고작이지만

밭은 모든 오곡백과를 다 생산하므로

밭 전田 자를 택하여 놓은 것입니다.

논보다 밭이 비싸다는데 그래서일까요?

위장은 쌀만 아니라 음식물이란 음식물은

다 소화할 수 있었으니까요.

그래서 위胃 자가 육달월月 자에

밭 전田 자를 올려놓아 만들어진 것입니다.

0423 근거 거據

據

재방변扌에 원숭이 거豦 자입니다.

재방변扌은 부수로 의미값이고 원숭이 거豦는 소릿값입니다.

아마 옛날에 원숭이豦를 처음 본 사람은

무서운 이빨을 보며 호랑이虍를 생각했고

다소 지저분한 모습을 보면서 돼지豕를 생각했을 것입니다.

이체자로 근거 거抳, 근거 거据

의지할 거據, 의지할 거㨿 등이 있습니다.

근거, 근원, 증거, 의지할 곳, 기댈 곳

의지하다, 의탁하다, 믿고 의지하다, 의거하다, 증거로 삼다

누르다, 붙잡다, 일정한 지역을 차지하고 지키다

막아내다, 웅거하다, 살다, 움키다

놓치지 않도록 힘 있게 붙잡다, 어떤 자리에 있다

가랑이를 벌리고 뛰어넘다, 굳게 지키다

등의 뜻이 있습니다.

부浮의 槽거據 거㨿

涇

통할 경涇 자로 새기기도 합니다.

오늘은 4글자에 모두 삼수변氵이 들어가네요.

경涇 자도 삼수변氵이 의미값이고

개미허리巛의 물줄기 경巠이 소릿값입니다.

본디 물줄기 경巠은 줄기 경莖에서 왔지요.

이체자로 통할 경泾 자가 있습니다.

같은 뜻의 다른 글자로는

통할 철徹 자와 통할 통通 자가 있습니다.

통하다, 흐르다, 곧다, 곧게 흐르다

물의 이름, 징쉐이涇水Jingshui

대변大便Dung, 월경月經Menstruation

웨이쉐이渭水와 징쉐이涇水 이들 두 강물의

한문 앞 글자를 따서

논리를 따질 때의 '경위涇渭'라고 합니다.

사리事理가 분명하냐를 놓고 따질 때

보통 '경우境遇'라고 합니다만
실은 경수와 위수에서 온 말이라 합니다.
경탁위청涇濁渭淸이란 말이 있지요
'경수涇는 흐리고 위수渭는 맑다'입니다.

둘 다 간쑤성에서 발원發源한 물이지만
남상濫觴의 갈래는 약간 다릅니다.
낙동강 한강 금강의 강물 발원지가
모두 강원도 태백太白이기에
강원도江原道란 지명이 생겼지만
역시 남상은 좀 다르다고 하더군요.

아무튼 두 물은 흐르는 도중 둘로 갈라지면서
징쉐이涇水는 북에서 남으로 내려오고
웨이쉐이渭水는 서에서 동으로 흘러듭니다.
그러다가 시안西安Xian에 이르러
두 물은 만나 하나가 됩니다.

마치 북한강 남한강이 두물머리兩水里에서
서로 만나 하나가 되어 한강으로 흘러들 듯
징쉐이와 웨이쉐이도 시안에서 만나
같은 한 줄기로 모인 것입니다.

그런데 우리 북한강 남한강과 달리
징쉐이와 웨이쉐이는 특징이 있었습니다.
징쉐이는 혼탁하기 그지없고
웨이쉐이는 더없이 맑다는 것입니다.

두 물줄기가 시안에서 하나로 만났지만
마치 물과 기름이 겉돌 듯
처음에는 서로 쉽게 섞이지 않았습니다.
그렇게 강물이 잘 섞이지 않고
혼탁하고 맑음이 계속 유지되는 것을 보고
'경위涇渭'라는 말이 나오게 됩니다.

나는 내 두 눈으로 확인하지 못했기에
정확한 판단은 뒤로 미룹니다.
하지만 사리를 따질 때 내세우는 '경위'가
바로 이 두 강물에서 왔다고 합니다.

그러나 중요한 것은
이들 두 강물이 끝끝내 언제까지나
청탁淸濁을 달리하지는 않는다는 것입니다.
결국 후앙허黃河에 이르러서는
 하나의 거대한 후앙허의 흐름으로 변하고

마침내 중국의 동해 곧 황해로 흘러듭니다.
황해黃海the Yellow Sea라는 이름은
후앙허에서 비롯된 것입니다.

징쉐이의 흐림과 웨이쉐이의 맑음이
시안에서 만나 한 물줄기를 이루면서도
자신의 아이덴티티를 고집하듯이
이들 두 물을 하나의 물줄기로 받아들인
중국문명의 거대한 흐름 후앙허가
황해 바다에 이르러서도
바닷물과 쉽게 빛깔을 섞지 않았습니다.
그래서 바다 이름을 황해라고 붙였습니다.

그리고 앞서 언급했듯
여기서 황해도黃海道란 지명이 생겼고요.
그러나 다시 한번 자세히 보십시오.
서해에서 바라보는 우리 황해가
과연 누런 황토 빛깔의 바다이던가요.
그렇지 않습니다.
후앙허가 징쉐이涇 웨이쉐이渭를 받아들여
마침내 하나의 후앙허로 만들어가듯이
황해바다는 후앙허를 받아들여

마침내 푸른바다로 만들어가고 맙니다.

후앙허黃河에 들어와서는
끝내 징쉐이와 웨이쉐이를 고집하지 않듯
우리나라의 정치도 결국 대한민국 국민을 위해서며
오로지 국민을 위해서라면
어떠한 당리당략도 때론 접어야 합니다.

부처님께서는 말씀하십니다.
"모든 강물이 바다에 들어가 섞이게 되면
강물의 이름은 죄다 사라져버린다.
그리하여 동일한 짠맛이 된다" 라고요.

우리 절집안에서는
여름 안거가 있습니다.
음력 4월 보름날부터
음력 7월 보름날까지
목숨 떼어놓고 공부에 들어가는 여름 안거!
과연 무엇을 위해 공부할 것입니까?
바로 자신을 비우기 위한 공부입니다.
자기 아이덴티티를 비워버리는 것입니다.

자신의 종교가 불교라는 것
자신이 승려라는 것조차 다 비우고
오직 중생을 위해 나아갈 것을 다짐하는
그런 공붓길로 들어서는 날입니다.
'내'가 누구인가를 찾는 게 아니라
그 '나'라는 아이덴티티마저 비움입니다.

어느 그룹 카톡에 윤회의 주체에 대해
갑론을박甲論乙駁하는 얘기가 올랐습니다.
'제법무아諸法無我'인데
무엇을 '나'라 하여 윤회를 얘기할 것인가?

윤회의 주체인 '내'가 텅 비어 무아인데
무엇이 윤회하며 어떻게 윤회할 것인가?
과연 윤회란 있는 것인가?
부처님처럼 깨달으면 윤회는 벗어나는가?
이런 이야기가 오르는 것을 보고
마음 한 녘이 그냥 환희로 가득 찼습니다.

이권을 놓고 다투는 것도 아니요
명예를 놓고 다투는 것도 아닙니다.
자기 자아를 놓고 쟁론하고

마음 공붓길을 놓고 다투는 것보다
더 아름다운 게 또 있을까 생각했습니다.
나는 토론에 참여하지 않았지만
내게 윤회에 대해 누군가 물어온다면
나는 이렇게 대답할 것입니다.

"과거 현재 미래의 모든 부처님도
문수니 보현이니 관음이니
지장이니 하는 모든 보살마하살도
역대조사와 천하종사들도
단지 윤회하기 위해
그토록 치열하게 공부하는 것이다."

스스로 윤회하지 않고
중생을 건질 수는 없다.

<107>

궁宮전殿반盤울鬱

누樓관觀비飛경驚

0425 궁궐 궁 宮

0426 전각 전 殿

0427 서릴 반 盤

0428 답답할 울 鬱

궁과전은 빽빽하게 서리어섰고

고루관대 날아갈듯 놀라웁구나

오백억천五百億千 묘화궁전妙華宮殿

나뭇가지 사이마다

상하上下에 벌려있고

오백억천 동자童子들이

그 궁전宮殿에 유희遊戲하되

광명光明 있는 마니주摩尼珠로

화만영락華鬘瓔珞 장엄莊嚴일세

팔종청풍八種淸風 건듯 불어

보수보망寶樹寶網 나는 소리

미묘微妙하고 청철淸徹하여

백천풍악百千風樂 진동振動하니

그 소리 듣는 자者는

탐진번뇌貪瞋煩惱 소멸消滅하고

염불심念佛心이 절로 나며

~ 중략

권왕가勸往歌《釋門儀範》卷下257

극락세계 궁전을 묘사한 대목입니다.

많은 복을 지은 사람이 그의 삶이 다한 뒤에

극락세계 교주이신 아미타 부처님과

아미타불 좌보처 관세음보살님과

아미타불 우보처 대세지보살님

그리고 최상의 인도자引路王이신

지장보살님의 안내를 받아 가서 나는 곳

극락세계의 일부를 묘사한 부분입니다.

부처님께서는 《金剛經》에서 말씀하셨지요.

"겉모습으로 여래를 판단하지 말고

음성만으로 여래를 구별하지 말라

이런 사람은 잘못된 도를 구하나니

마침내 여래는 볼 수 없으리라." 라고요.

그러하신 여래께서는 어떻습니까?

선천적으로 타고나신 32가지 특징에다가

후천적으로 80가지 마음을 끄는 요소들

이를테면 표정과 음성과 걸음걸이와

손짓과 제스처 따위를 고루 다 지니셨습니다.

여기에는 안으로부터 배어나오는

학문의 깊이와 능력과 품격까지 포함하지요.

부처님께서는 말씀하십니다.

극락세계가 얼마나 장엄하고 아름다운지

그곳의 물과 공기와 자연풍광이며

지어진 건축물들은 또 얼마나 멋진지
하나하나 자상하게 설명하십니다.
권왕가에 나오는 극락세계의 묘사도
극히 일부분에 해당하지만
와우! 오백억천의 묘화 궁전입니다.

뒷 자리 천千은 빼놓고라도
오백억이란 숫자는 어마어마하지요.
우리나라 인구가 5천만 명이니
5백억이면 1천 배에 해당하는 숫자입니다.
일반 건축물도 아니고 궁전입니다.
아름다운 꽃으로 장엄한 궁전들이
자그마치 5백억이나 되는데
이들 궁전 사이사이에 황금으로 꾸며진
화려한 나무들이 또 서 있습니다.

거기에 오백억의 때묻지 않은 동자들이
순수하게 수행에 전념하고 있습니다.
왜 이런 묘사가 경전에서는 필요했을까요.
부처님께서는 전언의 말씀이 아닙니다.
직접 보고 느끼신 것을 표현하시듯
한 마디 한 마디에 확신이 배어있으십니다.

궁궐전殿밖盤을鬱

눈에 보이는 세계가 차지하는 힘이
설명되는 내용보다 큰 까닭일 것입니다.

메라비언의 법칙the law of (Albert)Mehrabian
미국 캘리포니아대학교 심리학과 교수
앨버트 메라비언(1939~)이 발표한
시각 청각 내용으로부터 받아들이는
이미지 분석을 두고 하는 말입니다.
메라비언에 따르면 이야기 내용보다
목소리에서 느끼는 느낌이 더욱 강하고
목소리보다 시각으로 느껴짐이 더 강합니다.

발표자의 이야기 내용이 7%고
발표자의 목소리가 38%며

발표자의 표정과 매무새가 55%입니다.
목소리에서 느끼는 청각과
보이는 모습에서 느끼는 시각을 빼고 나면
이야기 내용에서 느끼는 것은
겨우 7%에 불과하다는 법칙입니다.
그런데 부처님께서는 힘주어 말씀하십니다.

55%의 시각에 의존하지 말라.

38%의 청각에도 따르지 말라.

7%이지만 가르침의 내용에 충실하라.

시각과 청각에 의존하다 보면

비록 7%에 지나지 않는 내용이지만

가장 중요한 것을 놓칠 수 있다는 말씀입니다.

우리 부처님께서 심리학 용어를 떠나

메라비언의 법칙에 담긴

상식의 원리를 모르셨을 리가 없습니다.

0425 궁궐 궁宮

궁궐 궁宮 자는 갓머리宀가 부수입니다.

갓머리는 부수의 명칭이고

한자로는 집 면宀 자에서 찾습니다.

이 갓머리 부수로 된 글자가

자전에 의하면 166자나 나오는데

대체로 집과 관련이 있는 글자들입니다.

그리고 민갓머리ᄀ라 하여

갓머리ᄀ 위의 점ᄀ이 탈락된 글자인데

갓머리와 혼용되어 쓰이고 있습니다.

민갓머리를 부수로 갖고 있는 글자는

옥편에 의하면 25자가 되는데

부수 글자를 찾을 때는 덮을 멱ᄀ 자입니다.

궁궐 궁宮 자의 부수 갓머리 아래

법칙 려/여呂 자가

처음에는 여呂 자처럼

윗입 구口와 아랫입 구口가 떨어져 있었는데

나중에 연결하는 통로가 생기면서

여呂가 여宮로 이어지게 됩니다.

궁宮은 형성문자가 아닌 회의문자입니다.

갓머리ᄀ도 집의 뜻인데

아래 여宮 자도 칸칸의 방이거나

방口과 방口이 통로ㅣ로 연결된 것으로서

결국 같은 집의 구조를 뜻하는 글자입니다.

그러나 우리 한자 발음이 '궁'이고

중국어 발음도 '공宮Gong'으로 나는데

이는 동굴 속에서 울림을 표현한
소리시늉말擬聲語이라 할 수 있습니다.

따라서 궁宮/宫은 본디 동굴로 된 집입니다.
그러다가 '친秦Qin나라' 이후로부터
대궐大闕의 뜻으로 바뀌게 되고
서민들에게는 쓸 수 없게 되어버립니다.
그러나 여성들에게만큼은 허락이 되었는데
이는 여성은 왕을 낳을 수 있는 까닭입니다.

따라서 애기집을 자궁子宫이라 높였지요.
궁宫 자와 닮은 글자가 있습니다.
다름 아닌 벼슬 관官 자입니다.
궁에 사는 사람으로부터 받은 것입니다.

네 가지 쉽게 볼 수 없음不可輕이 있습니다.
어렸을 적 훈장님이 하신 말씀입니다.
첫째 왕자를 가볍게 볼 수 없습니다.
언젠가 왕이 될 수 있기 때문입니다.
둘째 어린이를 가볍게 볼 수 없습니다.
어떤 위대한 인물이 될지 모르니까요.
셋째 사미를 가볍게 볼 수 없습니다.

위대한 고승이 될 수 있는 까닭입니다.
넷째 여인을 가볍게 볼 수 없습니다.
어떤 훌륭한 사람을 낳을지 모르니까요.

여기서 어른은 여자만 들어갔습니다.
자궁子宮Womb을 지닌 존재이기 때문입니다.
그런데 불교 경전에는 달리 나옵니다.
여자 대신 뱀을 가볍게 보지 말라 하고
어린이 대신 불을 가볍게 보지 말라 합니다.
뱀이 비록 어리더라도 독성이 강하고
불이 비록 작더라도 집을 태울 수 있으니까요.

0426 전각 전殿

궁과 마찬가지로 전殿도 대궐의 뜻입니다.
궁궐에서는 궁宮이나 전殿을 쓰지만
사찰에서도 전殿을 쓰고 있는데
이는 부처님은 왕王이고 황皇인 까닭입니다.

부처님은 법왕法王이시며
부처님은 각황覺皇이십니다.
부처님을 모신 곳이 대웅전大雄殿입니다.
아미타불을 모신 곳이 미타전, 극락전이며
관세음보살을 모신 곳이 관음전이고
지장보살을 모신 곳이 지장전, 명부전입니다.

우리는 관음 지장 보현 문수보살 등을
부처의 아래 단계로 치부하고 있습니다만
대승불교에서는 불보살님 경지에
높낮이를 두지 않는 경우가 꽤 많습니다.
특히《묘법연화경妙法蓮華經》에서는
본문本門과 적문迹門을 두어 설명합니다.

본적이문本迹二門에서 영향을 받아
성서의 구약 신약이 나왔다 보고 있습니다.
역사와 종교는 닮은 꼴이 참 많습니다.
아니면 반대로 성서의 신구약이
법화경 성립에 영향을 미쳤을 수도 있고요.
역사적으로 보면 구약의 성립보다는
법화경의 성립연대를 더 윗대로 잡으니까
법화경이 신구약에 영향을 주었을 것입니다.

전각 전殿은 갖은등글월문攵 부수에
소릿값 펼 전展 자를 놓았습니다.
전각 전殿이 있다면 전각 각閣도 있겠지요?
누각 종각 삼성각 칠성각처럼
전殿보다 작은 개념의 각閣이 있습니다.
대전 근정전 대적광전 대웅전처럼
황제나 임금이 머무는 곳보다 낮은
내각內閣Cabinet이 자리하는 곳입니다.

박정희 전대통령에서 전두환 전대통령까지
서슬 퍼런 시대에 유행했던 단어가
소위 각하閣下라는 말이었는데
따지고 보면 각하는 대통령이 아닙니다.
대통령이라면 각하閣下가 아니라
전하殿下라는 칭호가 맞는 것이겠지요.
각하는 내각제의 최고 책임자였던
총리대신에게 쓰는 언어였던 것입니다.

盤

소반 반盤 자에 담긴 의미는
소반, 쟁반, 받침, 바탕, 넓고 큰 모양
둥글넓적한 그릇인 대야와 큰돌
굽다, 돌다, 서리다 등의 뜻을 의미합니다.
그릇 명皿 자가 부수며 의미값이고
가지 반般 자가 소릿값입니다.

소반 반盤 자에는 소반 반盤 자 외에도
쟁반 반柈, 소반 반盋, 소반 반鎜, 쟁반 반槃
너럭바위 반磐 자가 있습니다.

궁궐전殿반盤을鬱

넓히다, 답답하다, 우울하다, 울적하다, 울창하다, 우거지다

무성하다, 향기롭다, 화려하다, 찬란하다, 아름답다

그윽하다, 빛나다, 맺히다, 쌓이다, 엉클어지다

풀기 힘들 정도로 서로 많이 얽히게 되다

생강과에 속하는 여러해살이 풀과

산앵두나무에 해당하는 글자입니다.

이체자로는 답답할 울鬱 자 외에, 답답할 울郁

답답할 울欝, 답답할 울鬱 자와 친합니다.

루오양洛阳도 그러하지만

시안西安에는 궁궐과 전각이 빽빽하기가

마치 반송이 서리어 있듯이

그렇게 서 있음을 묘사하고 있습니다.

건축물과 건축물 사이가 가까운 것은

동선動線을 줄임으로써

일과 보고의 신속성을 꾀하기 위함입니다.

요즘은 스마트폰이 발달한 데다가
무제한으로 가입해 놓으면
아무리 많이 사용한다 하더라도
통신비가 더 이상 많이 들어가지 않습니다.
그러다 보니 위층에서 아래층까지
앞방에서 뒷방까지의 연락도
심지어 큰 방에서는 같은 건물 같은 홀에서도
스마트폰으로 연락을 주고받습니다.

예전에는 그렇지 않았습니다.
게다가 아무 데서나 큰소리로 상대를 찾아
이름을 부르고 관직을 부를 수 없었지요.
요즘이 편한 것인지
예전이 불편했던 것인지
함께 식사하고 차를 마시는 자리에서
같은 테이블을 사이에 두고도
서로 얼굴을 맞대고 얘기하기보다
톡이나 문자로 의사를 주고 받는다고 하니
어즈버! 꽃 한 송이 함께 느낄
마음의 거리가 그립습니다.

<108>

궁宮전殿반盤울鬱

누樓관觀비飛경驚

0429 **다락 누 樓**

0430 **볼 관 觀**

0431 **날 비 飛**

0432 **놀랄 경 驚**

궁과전은 빽빽하게 서리어섰고

고루관대 날아갈듯 놀라웁구나

樓

다락 누, 루樓는 나무 목木이 부수고
끌 누, 루婁, 별 이름 누, 루婁가 소릿값입니다.
나무를 짜서 높이 세운 망루의 뜻입니다.
이체자로는 다락 누/루楼 자가 있고
다락 누/루廔 자가 있습니다.

보통은 탑이나 망루를 일컫습니다만
층층으로 쌓아 올린 빌딩입니다.
망루望樓를 높게 쌓는 목적은
적이나 주위의 동정을 살피기 위함입니다.
집의 대마루를 누樓라 하고
층집이나 점포를 누樓라 하지요.

중국어 문화권에서 숫자 뒤에 누樓가 붙으면
건물의 동棟 수를 표현하기도 합니다.
가령 현대아파트 8동 808호일 경우
중국어로는 現代公寓 8樓 808号입니다.

누樓관觀비飛경驚

층을 얘기할 때는 *層/层*ceng을 쓰지요.
누樓 자를 보면 생각나는 게 있습니다.

나는 2013년 4월에 대한불교조계종 산하
아름다운동행에 학교부지를 기증하여
보리가람농업기대학교를 건립했습니다.
다르에스살람의 이 땅을 구입하기 전
기아 앞쪽에 부지를 보러 간 적이 있습니다.
그때가 2007년 12월이었지요.

탄자니아 북부 관광도시 아루샤Arusha와
킬리만자로 주도洲都 모시Moshi 중간
아루샤 지역에 기아KIA가 있습니다.
우리나라 현대자동차 계열사 KIA가 아니라
킬리만자로 국제공항의 준말이지요.
내가 아름다운동행에 사찰부지를 기증한
킬리만자로 마랑구Marangu와는
대략 80km 정도 떨어진 거리입니다.

탄자니아는 적도 이남의 남반구南半球라서
기온이 가장 높은 때이기는 했지만
기아KIA가 보통 해발 1,000m를 웃돌기에

생각보다 많이 서늘했습니다.
오지에 들어갈 때는 현지인들과 함께했는데
현지인들과 함께 있을 때 느끼는 느낌은
문화의 이질성을 완화시켜주기 때문입니다.

나는 기아 앞쪽 드넓은 평원에서
신기루蜃氣樓 때문에 고생한 적이 있습니다.
신기루mirage는 바다 위나 사막에서
대기의 밀도가 층층이 달라졌을 때
그에 따라 빛이 굴절하므로 해서
나타나는 특이한 현상인데
기아 앞은 사막도 바다도 아니었습니다.
그럼에도 불구하고 사물의 그림자가
실재하듯 눈앞에 어른거렸습니다.

지나치게 배가 고프거나 목이 마르거나
그리움이 극에 달할 때 신기루는 나타나지요.
신기루는 큰조개 신蜃 자를 쓰는데
큰조개는 무명조개 대합조개이거나
판새류의 연체동물을 총칭하기도 하지만
용이 못 된 이무기를 얘기하기도 합니다.
상상 속의 동물인 이무기처럼

있을 수 없는 허상이 일으키는 신기루
이 신기루에 다락 누/루樓 자가 쓰입니다.

또 하나 생각에서 지워지지 않는 단어가
마천루摩天樓라는 초고층 건물입니다.
신기루의 루樓든 마천루의 루樓든
이 글자들은 나무 목木변에 썼는데
신기루도 마천루도 나무 재료는 아닙니다.
허기 목마름 그리움이 신기루를 만들었다면
마천루는 철재 시멘트 신소재와
최첨단 테크놀로지가 만들어낸 걸작입니다.

인간의 두뇌와 인간의 손길과 함께
인간의 첨단 기술이 만들었던
가장 아름답고 장엄한 신기루가 있었습니다.
통일신라시대 황룡사 9층 목탑이었습니다.
목탑이기에 나무 목木의 루樓가 어울리는
명실상부한 나무 건축물樓이었습니다.

우리나라 수도 서울을 비롯하여
뉴욕 토쿄 상하이 두바이에
우뚝 우뚝 솟아있는 마천루를 본다면

누관비경樓觀飛驚이 느껴질 것입니다.

0430 볼 관觀觀观观

볼 견見 부수에 황새 관雚 자를 놓았는데
소릿값인 황새 관雚 자 자체도
부수 못지 않게 의미값에 기여합니다.
64괘 가운데 하나로 관괘觀卦는
손괘巽卦와 곤괘坤卦가 겹친 것으로
바람이 땅 위로 행하는 것을 상징합니다.

보다, 보게 하다, 나타내다, 드러내다
나타나게 하다, 점치다, 모양, 용모, 황새, 괘 이름
문과 벽이 없이 다락처럼 높이 지은 누각의 뜻입니다.
게다가 도교사원을 '관觀'이라 하지요.
여기에 어떤 이름씨 아래 붙여 체계화된 견해를 일컫습니다.

이를테면 인생관人生觀, 우주관宇宙觀, 역사관歷史觀

정치관政治觀, 종교관宗敎觀, 문학관文學觀
사상관思想觀, 예술관藝術觀 등을 들 수 있습니다.

볼 관觀 자에 관심이 가는 것은
곧 관세음보살觀世音菩薩 때문입니다.
관세음보살은 대승불교권에서 '서가모니불'보다
훨씬 더 도타웁고 더 종교적이면서
포근하게 다가오는 까닭입니다.
서가모니불 이름은 모르더라도 관세음보살 이름은
시골 어르신들도 익히 들어 알고 있습니다.

급한 일이거나 고마운 일이 있거나 할 때
서가모니불을 부르는 이보다
입에서 '관세음보살'이 먼저 나오고
'나무 관세음보살'로 갖추어 부르기도 합니다.
적어도 중국이나 또는 우리나라 불교계에서
'나무아미타불 관세음보살'을 모르고
불교신자라 할 사람은 거의 없을 것입니다.

그런데 황새 관鸛 자를 얘기하면서
왜 초두머리**가 있을까 생각했습니다.
처음에는 아마도 황새의 벼슬이겠지 했는데

벼슬이란 닭에게서나 볼 수 있을 뿐
황새에게는 벼슬이 없었습니다.
초두머리가 놓였다는 것은 새가 아니라
풀과 관련된 글자였을 것입니다.
그래서 찾아보니 물억새 환萑 자고
풀 많을 추萑 자였습니다.

왜 이런 얘기를 하느냐 하면
한자를 읽을 때 우선 부수를 챙겨 보고
의미소意味素를 찾으라는 것입니다.
풀 초⁺⁺자, 초두머리艹라면 예외도 있지만
일차적 의미는 식물이고
식물 중에서도 풀艸이라는 것입니다
따라서 박주가리 환萑 자이기도 하지만
이를 만일 황새 관萑 자로 새길 때는
풀⁺⁺과 연관을 짓되 새隹일 수 있습니다.

새는 새이면서도 황새萑라고 한다면
입 구口 자가 하나도 아니고 둘이 겹쳤吅으니
뭔가 분명 잘 우짖고 시끄러울 것이고
그렇다면 소리가 큰 새일 것입니다.
입 구口자가 둘吅이란 것은

새의 특징이 눈이고 시각이니까
어쩌면 눈을 두드러지게 표현했을 것입니다.
으레 참새나 작은 새는 아니겠지요.

이런 식으로 한자를 추구해가다 보면
한자 하나하나마다 담긴 의미와
소릿값까지 대강 짐작할 수 있을 것입니다.
한자漢字, 어렵게 생각하지 마십시오.
한자도 영어처럼 패턴Pattern이 있습니다.
영어를 할 때 패턴만 이해할 수 있다면
이미 절반은 한 거나 마찬가지이듯
한자도 부수와 소릿값만 제대로 알면
절반 이상 정복했다고 할 수 있을 것입니다.

0431 날 비飛/飞

날 비飛 자는 날비몸飞 2개가 겹쳤고
오를 승升 자를 아래에 붙였습니다.

날비몸飞이 2개라는 것은
모든 날 것은 자연이든 또는 만든 것이든
반드시 날개가 2개 이상으로
대칭을 이루고 짝이 되어야 한다는 것입니다.
어떤 경우도 날개 하나로는 날지 못합니다.
조류도 곤충류도 비행기도 마찬가지입니다.

중국어 간체자에서는
날비몸飞 하나로 날 비飛 자를 대신하는데
이는 다만 약속기호일 뿐입니다.
다시 말해서 날 비飛 자 획수를 줄여
그냥 쓰기 쉽게 할 뿐입니다.
본디 2개의 날비몸飞에
오를 승升 자가 번체자임을 알고 있습니다.

이동移動Movement은 대칭을 필요로 합니다.
이는 곧 과학이고 물리 법칙이 적용됩니다.
사람과 새들은 2개의 발이 있어야 하고
새들은 때로 2개의 날개를 씁니다.
곤충도 날개가 홀수일 수는 없습니다.

움직임의 법칙, 이동의 법칙에는

반드시 대칭을 이루는 발과 대칭을 이루는 손과

대칭을 이루는 바퀴와 대칭을 이루는 날개와

대칭을 이루는 눈과 대칭을 이루는 귀와

대칭을 이루는 콧구멍이 필요합니다.

손과 눈, 귀와 콧구멍 등은 불편을 느끼는 것을 감수한다면

우선 급한 대로 하나만 있어도 가능합니다.

그러나 대칭으로 완벽하게 갖출 때

원하는 속도를 충분히 낼 수 있고

천적으로부터 몸을 피할 수 있습니다.

가령 하나의 눈만 가지고 있다면

거리의 조절에 장애가 있고

귀가 하나뿐이라면

천적이 어느 쪽에서 쫓아오는지 모릅니다.

팔이 본디 하나밖에 없다면 팔 없는 쪽이 안쪽이 되어

한자리에서 계속 맴돌기만 할 것입니다.

자동차 바퀴가 4개인 것은

속도와 함께 그만큼 안정적인 까닭입니다.

이륜차에 해당하는 자전거 오토바이는

좌우 대칭이 아니라 앞뒤 대칭이지요.

움직임에서 또는 이동에서
이동의 구성요소는 대칭을 이루어야 하는데
이동 환경은 결코 대칭이 아닙니다.

이를테면 같은 시간대에
여러 방면으로 동시에 이동할 수는 없습니다.
동쪽으로 1m를 움직이면서 동시에
서쪽과 남쪽과 또는 북쪽으로
그리고 위 아래로 옮길 수 없습니다.
다만 이를 가능케 하는 게 우주의 팽창입니다.
그러나 우주가 동시에 팽창한다고 해서
시간까지 앞뒤로 함께 움직일 수는 없습니다.

사람의 생명이 태어나는 순간
그에게 주어진 시간의 흐름성性이
미래와 과거로 동시에 흐를 수는 없습니다.
우주도 공간적으로 동시에 팽창할 수는 있으나
시간마저 과거와 미래를 향하여
동시에 흘러갈 수는 없다는 것입니다.
나는 날비몸飛이 2개가 겹쳐 있음을 보며
늘 물리와 시공간을 함께 생각하곤 합니다.
날비몸飛이 새의 모습을 본뜨지 않았나요.

날 비飛 자에는 날다, 지다, 떨어지다, 오르다, 빠르다
빨리 가다, 뛰다, 뛰기다, 근거 없는 말이 떠돌다
넘다, 뛰어넘다, 날리다, 빨리 닿게 하다, 비방하다
높다, 새, 날짐승, 빨리 달리는 말, 자동차, 스키
높이 솟아 있는 모양, 무늬 따위가 있습니다.

0432 놀랄 경驚惊

말 마馬 부수에 공경 경敬이 소릿값입니다.
이 놀랄 경驚 자에 들어있는 뜻은
놀라다, 두려워하다, 놀라게 하다, 경계하다
빠르다, 위험하고 다급하다
경기驚氣 등이 들어 있습니다.
간체자로는 전혀 엉뚱하게 보이지만
'놀랄 경惊' 자가 있습니다.
일부 자전에는 이 '경'자가 들어있지 않고
'슬플 량惊'자로 들어있기 때문입니다.

<109>

도圖사寫금禽수獸
화畵채彩선仙령靈

0433 **그림 도 圖**

0434 **베낄 사 寫**

0435 **새 금 禽**

0436 **짐승 수 獸**

궁전누관 벽화에는 새와짐승들
선령들이 채색으로 수를놓았고

0433 그림 도圖图図圖옴

저우씽스周興嗣(468~521)가 살았던
리앙우띠梁武帝Liangwudi(502~549) 시대
우띠武帝는 문화를 사랑한 뛰어난 황제였습니다.
친秦Qin의 시황띠始皇帝Shihuangdi와 달리
어떻게 하면 인간이 인간답게 살 것인가를
깊이 고민한 문명의 황제였습니다.

후대 역사를 써 내려간 사람들은 얘기합니다.
분서갱유焚書坑儒와 같은 사건은
미화하고 싶어도 미화할 수가 없다고
친의 시황띠는 엄청난 폭군이었다고요.
역사는 언제나 붓을 든 사람들이 써 내려갑니다.

물론 그렇다고 해서 학자나 역사가들이
없던 이야기를 만들어 쓰지는 않겠으나
많은 역사가 왜곡되고 때로 과장됨은
거의 불을 보듯 뻔하다 하지 않을 수 없습니다.

어쩌면 시황띠가 역사의 기록보다
더 엄청난 폭정을 했을 수도 있고
기록보다 정이 많고 괜찮았을 수도 있습니다.

중국 최초의 시황띠 그가 23살에 시작하여
불과 10년도 채 안 되는 짧은 기간에
사분오열로 찢어진 중국과 함께
중국인들의 경제적 삶과 생활 문화를
하나로 일통시킨 사건을 두고 보면
신상필벌信賞必罰이 공정했던 사람입니다.

일부에서는 몽골의 징기즈칸보다
더 정확한 사람이었고
백성을 더 사랑했으며
관료가 아니라 백성들 편에 서서
백성들을 위한 정치를 했다고 보여집니다.

나는 역사가도 평론가도 아니지만
분서갱유 하나를 침소봉대하여
친의 시황띠가 문화를 모르는 폭군이었다고
쓰고 싶은 사람 마음대로 몰아가는 것을
경계하고픈 사람 중 하나입니다.

실제로 분서갱유를 했을 수 있습니다.
일부 사상가들의 서책을 불태우고
지식인들을 산 채로 묻었을 수 있습니다.
문화와 사상에 대한 탄압이 있었을 것입니다.
그런데 본보기로 한두 명만을 처형했을 뿐
수백 명씩 생매장하지는 않았을 거라 봅니다.
어느 시대나 사상가는 있게 마련이고
사상가들은 정부에 날을 세우기도 합니다.

그러나 정작 사상가들 지식인들은
장삼이사張三李四보다 어려운 일을 만나면 겁이 많습니다.
평범한 시민보다 잃을 게 많은 까닭입니다.
친의 시황띠는 당시의 주동자 몇 명을
본보기로 본을 보였을 것이고
상황을 알아차린 지식인들은
꼬리를 내리고 시황띠를 따랐을 것입니다.

시황띠가 불태운 책은
황조에서 일부 정부정책에 반하는 것이었고
사회주의 서적들이 대부분이었으며
묻힌 사람은 단지 몇 명에 불과했을 것입니다.
하긴 그거야 모르는 일이지요.

정부정책과 상관없이 지식인이기에
단지 대중의 지도자였기 때문에
그래서 분서갱유를 했을 수 있겠지요.

정말 시황띠가 그런 사람이었다면
나라와 백성들을 위해 군현제를 만들고
제왕학을 만들고 언어를 일통하고
도량형까지 통일시켜
국민경제에 활성화를 꾀할 수 있었을까요.
기록에 따르면 시황띠는 나라를 일통시킨 뒤
중국 전역을 하나의 언어권으로 묶고
도량형을 통일하였습니다.

실제 길이는 일만오천여 리에 해당하지만
옛 성벽을 이어 만리장성을 마저 쌓고
황제로서의 제도와 함께
군현제郡縣制를 제대로 닦아놓음으로써
최근까지의 중국왕조의 기본틀을 만들었습니다.

나는 저우씽스가 살았던 시대
리앙의 우띠도 문화를 사랑한 황제였지만
우띠보다 7~8백 년을 앞서 살았던

친의 시황띠야말로 중국 역사에 있어서
문화를 제대로 알았던 황제라고 생각합니다.

USA 아메리카 합중국이 아니라
USC 차이나 합중국을 건설했던 시황띠
오늘날의 미국처럼 깨어있거나
여러 가지 제도가 정착되기 전이었습니다.
그는 시황띠로서 권력을 휘두른 게 아니라
강한 힘으로 통제하지 않고서는
통일된 당시 거대중국을 움직일 수 없었지요.

게다가 나이 어린 황제라고 하여
일부에서는 법과 위엄과 질서에 도전했습니다.
새로운 제국이 탄생되고 나서
토호들은 자기들의 권익만 주장하고
지금까지의 관습에 얽혀 있었으며
이데올로기를 들고 나왔기 때문에
친의 시황띠는 황제의 권위를 보였습니다.
분서갱유 사건이었습니다.

친의 시황띠는 눈물이 많은 사람이었습니다.
나는 이러한 사건을 토용에서 찾습니다.

친의 시황띠가 피도 눈물도 없는
폭정의 주인이고 엄청난 폭군이었다면
사람을 산 채로 묻으면 묻었지
자신을 도와 통일하는 데 기여한 장병들을
토용으로까지 만들어 기리고자 했을까요.

군통수권자로서 얼마나 장병들을 사랑했으면
토용으로 만들어 함께하려 했겠습니까.
라앙의 우띠가 황제로 있을 무렵
저우씽스는 《천자문千字文》을 저술하면서
당시 수도 시안의 궁궐 건축물을 비롯하여
건축물 내에 그려진 벽화라든가
새나 짐승들의 석상이라든가
갖가지 문화콘텐츠들을 열거하고 있습니다.

당시 시안의 궁궐 문화도 문화려니와
이를 적나라하게 묘사한 저우 선생의
미려한 필치에 탄성을 지를 수 밖에 없습니다.
천자문은 참으로 아름다운 글입니다.
장구한 인류의 역사와 천문지리와 백성들의 삶의 실상과
교육과 환경과 고귀한 문화에 이르기까지
세세히 아름다운 필치로 풀어가고 있습니다.

1천 자 짧은 문장 속에 다 녹이고 있습니다.

그림 도圖 자는 에운담口이 부수인데
부수 명칭은 에울 위口 자입니다.
입 구口 자보다 좀 크며 범위를 뜻합니다.
혹자或者들이 모여 사는 곳口이 어디라 생각하십니까?
맞습니다. 나라國입니다.
나라國는 사람들或이 한 데口 모여
같은 언어와 같은 문화를 누리며 살아가지요.

이처럼 에운담口 부수를 두르고 있다면
개인보다는 전체의 의미가 강합니다.
그림 도圖도 처음에는 나라를 설계하고
도시를 설계하는 데서 시작되었는데
나중에 농경지를 구획하고
마을에는 어떻게 도로를 낼 것이며
주택은 어떻게 설계하고 의상은 어떻게 디자인할 것인가
등등으로 범위가 세분화되어 간 것입니다.

그림 도圖 자가 여러 가지지요.
이들 그림 도図图圖 자는 보시다시피
모두 한결같이 반듯반듯합니다.

너무 경직되어 보이지 않느냐 할 수 있지만
무량수無量壽를 살아갈
무량수無量數의 인류들이
무량겁無量劫에 걸쳐 함께하기 위해서는
경직되어 보이지만 바로 이 속에서
질서를 지키고 자유를 누리는 것입니다.

지금으로부터 1350여 년 전에 활약했던
통일신라에 의상義湘이 있었습니다.
그가 당나라에서 7년간 유학 끝에
박사 학위 논문으로 제출했던
화엄일승법계도 곧 해인도海印圖와
이 논문의 요약Summary에 해당하는
모두 7언 절구 30송 210자 법성게法性偈가 있습니다.

나는 감히 단언합니다.
이 해인도를 뛰어넘는 논문이 없었고
이 논문의 써머리를 뛰어넘는 글이 없었다고.
의상조사의 학위논문 이 해인도 안에는
다중우주Multi Universe가 들어있고
멋진 우주Elegant Universe가 들어있으며
평행우주Parallel Worlds가 녹아 있습니다.

이 의상조사의 해인도가 법장비구의 극락설계도를
화엄학 입장에서 재현한 것이라고 한다면
어떻게 생각하십니까?
나의 제안이 이해가 되시겠는지요?

뭐니 뭐니 해도 설계도의 백미는
법장비구의 극락설계도極樂設計圖입니다.
아미타불의 전신前身이신 법장비구가
세자재왕불世自在王佛에게 제출한
극락세계 설계도면은 최상입니다.
내가 알기로는 그 어떤 설계도도
이를 뛰어넘는 것은 없습니다.

토부 경전 《무량수경無量壽經》에는 도면은 없고
설계도면에 관한 해설만 나오고 있지만
이 설계도에는 도시환경과 구획만이 아니라
극락세계 입주민들의 생활 방식과 몸가짐과 말솜씨와
마음가짐까지 설계한 최상의 설계도입니다.
여기 설계도에는 48가지 항목이 있는데
이를 '미타인행사십팔원'이라 하며
이들 48가지 항목의 완전 이수가 조건입니다.

하나님이 사람을 만들고, 생명을 만들고
하늘과 땅 낮과 밤을 창조한 설계도가
어딘가에는 묻혀있을 것입니다.
구약과 신약 어디에서도
아직 발견되지는 않았지만 꼭 나올 거라는
이웃 종교이지만 나는 분명 확신을 갖고 있습니다.

그렇습니다. 어딘가는 숨어있을 것입니다.
이미 10겁(겁은 지구의 나이) 전에 설계한
극락세계 설계에 관한 해설서도 있는데
아직 1겁이 채 안 된 하나님의 천지창조 설계도가
어딘가는 있지 않겠느냐는 것입니다.

도圖사寫금畜수獸

0434 베낄 사寫寫 写鎬铇

염불공덕 못지 않은 사경공덕이 있습니다.
불교경전을 한 자 한 자 베끼는 공덕입니다.
지금은 인쇄술 정도가 아니라

타이핑Typing한 글자들을 복사하여
붙여넣기 한 뒤 전송 버튼을 누르면
원하는 페이지에 고스란히 실리고
원하는 사람에게 곧바로 전해지곤 합니다.

베낄 사寫 자는 갓머리宀가 부수고
나막신 석舄 자가 소릿값입니다.
나막신舄이 어디에 있습니까.
신고 다닐 때는 사람의 발에 신겨 있고
있을 때는 댓돌에 얌전히 놓여있습니다.
댓돌은 어디에 있습니까?
으레 집宀안 처마 밑 마루 앞이겠지요.

예로부터 나막신을 깎으려면 발의 본을 떠야 했습니다.
옷은 약간 크더라도 몸에 걸칠 수 있지만
신발은 발의 치수와 맞아야 합니다.
너무 작으면 발가락이 아프고
좀 크면 헐떡거려 신고 다닐 수가 없습니다.
그러므로 본을 떠서 신발을 만들었기에
집 면宀에 나막신 석舄 자를 쓴 글을
본뜨다 베끼다의 뜻으로 쓴 것입니다.

나막신 석舃 자가 소릿값이기는 하나
모양舃으로 보아서는 아닙니다.
나막신이 아니라 새鳥 같고 까마귀.烏 같습니다.
실제 까치 석舃 자로 새기는데
까치는 까마귀과 까치속 참새 사촌입니다.
걷고 뛰는 게 참새 같은데 소리가 좀 크지요.
우리나라에서는 길조인데
우리나라만 벗어나면 흉조로 취급됩니다.

아무튼 까치는 까마귀와 비슷하고
걸음걸이가 참새와 닮았으며
친하기로는 닭이나 비둘기에 견주고
생활력이 강하기로는 맹금류에 견주어
닮지 않은 게 없다 하여 '베끼다'로 쓰입니다.
원본 그대로 카피Copy하고 프린트하며
재생하고 재현하고 복원하기에
베낄 사寫로 새기고 있습니다
대표적인 것이 복사複寫며 사진寫眞입니다.

0435 새 금禽

새, 날짐승이 대표적인 뜻이며
날짐승 길짐승 비늘짐승의 총칭입니다.
포로, 사로잡다, 사로잡히다의 뜻입니다.
짐승발자국 유内 자가 부수며
이제 금今 자가 소릿값입니다.
자세히 보면 사람 인人이 맨 위에 있고
그 아래 이제 금今 자가 놓여 있으며
바로 아래 가슴 흉凶 자가 있고
짐승발자국 유内 자가 맨 아래 있습니다.

짐승 발자국이란 새를 포함한
모든 짐승의 발자국을 의미합니다.
새内는 사람人처럼 두 발을 지녔으며
사람처럼 볼록한 가슴凶을 가졌습니다.
새가 사람과 다른 게 있다면 날아오를飛翔 때
두 날개를 양쪽으로 활짝人 펼침입니다.

도圖사寫금禽수獸

獸

짐승 수獸 자는 개 견犬이 부수입니다.

왼쪽에 우짖을 훤吅 자가 놓인 것은

개과의 동물 늑대나 여우 이리가

하늘을 항해 고개를 젖히고 우는 모습입니다.

우짖을 훤吅 자 아래 밭 전田 자는

그들 동물의 두뇌를 뜻합니다.

그리고 아래 한 일一 자는 영역이고

맨 아래 입 구口 자는 짐승의 발자국입니다.

따라서 짐승 수獸 자도 그냥 짐승입니다.

나중에 개 견犬 자로 인하여

새禽에서 독립되어 따로 분류되었지만

닭禽과 개獸는 예로부터 인간과는

더없이 소중한 관계를 유지해왔습니다.

새들이 가장 싫어하는 말이 있습니다.

뭐냐고요? '새대가리'입니다.

개들이 가장 싫어하는 말도 있습니다.

그게 뭘까요? "개보다 낫네"라는 말입니다.

<110>

도圖사寫금禽수獸

화畵채彩선仙령靈

0437 **그림 화畵**

0438 **채색 채彩**

0439 **신선 선仙**

0440 **신령 령靈**

궁전누관 벽화에는 새와짐승들

선령들이 채색으로 수를놓았고

0437 그림 화畫畵画

그림 화畫 자는 밭 전田이 부수입니다.
우선 여기 올리는 3개 그림 화畫畵画 자에
한결같이 밭 전田 자가 들어가 있으니까요.
그렇다면 그림의 뜻이라기보다
구획의 뜻이 더 강하다고 할 것입니다.
새길 획劃, 새길 획劃, 그을 획㓰, 그을 획畫, 그을 획畵
그을 획画 자 등에 밭 전田 자가 있습니다.

같은 글자를 놓고 우리나라에서는
때로 '획'이라 읽고 때로는 '화'라 읽었습니다.
'획'이 드로우draw요 그래프graph라면
'화'는 페인트에 해당하고 픽처에 해당합니다.
앞서 글에서도 언급했습니다만
친의 시황띠가 중국을 통일한 뒤
가장 먼저 손을 쓴 것이 무엇이었습니까?

첫째는 언어의 통일성이었습니다.

부족국가와 토호들을 하나로 묶다 보니
우선 그들이 쓰는 언어가 다르고
언어가 다르기에 소통이 불가능했습니다.

둘째는 정치제도의 통일이었습니다
통일국가로서 다스림의 통일성이 필요했지요.
문화와 사상은 비록 다양하더라도
국가헌법은 균일하게 적용되어야 했습니다.

셋째는 도량형의 통일이었습니다.
지역마다 무게 표기가 다르고
길이와 거리의 계산이 다르고
부피를 환산하는 것이 다르다고 한다면
경제란 곧 유통인데 삐걱거릴 수밖에 없습니다.
그렇기 때문에 도량형의 통일은 중요했지요.

넷째는 군현제라고 했는데
행정의 바른 체계가 치국의 첩경입니다.
그러면서 친의 시황띠는 농지 정비를 단행했습니다.
꼬불꼬불한 농지 형태를 가능하다면
직선의 형태로 만듦으로 해서 분쟁의 소지를 줄이고
농토의 활용가치를 높이려 한 것입니다.

畵題彩선仙경靈

그림畵보다 구획畵이 우선이었습니다.

시황띠는 문무를 겸한 정치인이었습니다.

그림 화畫畵画 자에는 그림, 그리다, 그림으로 장식하다

긋다, 분할하다, 구분하다, 계획하다, 설계하다

꾀하다, 계책하다 등의 다양한 뜻이 들어있습니다.

선을 어디에 긋습니까?

부동산 서류 지적도 위에 긋습니다.

땅 위에 직접 선을 그을 수는 없기 때문입니다.

붓 율聿 자는 손手으로 붓ㅣ을 잡은 모습입니다.

손으로 붓을 잡아 종이一에 구획ㄴ을 정하고

가로一와 세로ㅣ로 세세하게 그림을 그려 나갑니다.

게다가 잘못 그려진 게 있다면 칼ㅣ로 알맞게 깎아냅니다.

이를 설계도라 표기하며 설계 또한 그림이기에

여기서는 그림의 뜻으로 표현됩니다.

붓 율聿 자를 자세히 보면

만장輓章으로 쓸 천巾을 옆으로 깔아 놓고

손에는 커다란 붓聿을 들었습니다.

만장에는 고인이 살아온 삶이 담깁니다.

만장이라 하니 시나브로 생각납니다.

팽목항을 노랗게 물들인 슬픔의 만장과

묻지마 사건으로 뉴스 화면을 가득 메운
아픔으로 써내려간 만장입니다.
1983에 '남북이산가족찾기'로
KBS 광장을 빼곡하게 장엄했던 만장이
그림 화畫 자를 보면서 떠오릅니다.
펼쳐진 만장의 천 위에 또박또박 써내려가는
삶의 세계가 그대로 하나의 그림이고
나아가 한 편의 영화映畫였습니다.

0438 채색 채彩

채색 채彩 자는 터럭 삼彡이 부수입니다.
으레 캘 채采가 소릿값입니다.
'캘 채采'는 손톱 조爪에 나무 목木입니다.
곧 손으로 나무 열매를 따고 있음을
이미지로 표현한 게 캘 채采 자입니다.
캘 채采가 이 글자 외에 또 있습니다.
왼편에 재방변扌을 살짝 긴 캘 채採 자입니다.

이 캘 채採 자가 등장하면서

원래의 캘 채采 자는 풍채 채采로 독립합니다.

풍채 외에 벼슬 무늬로도 새깁니다.

이 채색 채彩 자가 채색으로 새겨진 데는

오른쪽의 부수 터럭 삼彡 때문입니다.

터럭은 글자 그대로 머리카락을 비롯하여

콧수염 구레나룻 등 몸의 털입니다.

채색 채彩 자에 담긴 뜻은 고운 빛깔, 빛, 윤기, 광택

무늬, 채색, 모양, 노름, 도박 등 다양하지만

대표적인 의미는 빛깔이며 채색입니다.

아침에 숲 사이로 비추는

우아하고 화사한 햇살을 바라보면서

사람들은 생각했을 것입니다.

아! 빛이다. 아름다워라! 한 폭의 그림이구나!

위의 그림 화畫 자와 하나로 묶어

화채畫彩라 하는데 채색화彩色畫입니다.

채색화라고 하면 색깔을 지닌 그림이지요.

물감을 물에 섞어 쓰는 수채화가 있고

기름에 섞어 쓰는 유채화가 있는데

수채화와 유채화가 지닌 양감과 질감은

약간씩의 장단점을 가지고 있기에
반드시 어느 것이 더 좋다는 것은 없습니다.
나는 개인적으로는 수채화보다
유채화를 더 좋아하는 게 사실입니다.

0439 신선 선仙

신선 선仙 자는 사람인 亻 부수에 뫼 산山이 소릿값입니다.
그렇기는 하지만 소릿값 뫼 산山 자에도
나름대로의 의미소가 있는 까닭에
형성문자라기보다 오히려 회의문자에 가깝습니다.
부처 불佛 자를 보면 '프랑스'가 떠오르고
아닐 불弗 자를 보면 US달러가 떠오르듯
신선 선仙 자를 보면 센트가 생각납니다.

중국어에서는 프랑스를 불란서佛蘭西라는 음역보다
화구어法國Faguo라 쓰고 발음하며
독일도 독일獨逸이라는 음역보다는

더꾸어德國Deguo라 쓰고 발음합니다.
미국의 화폐 단위 센트cent는 씨앤仙xian이라 씁니다.
그러나 중국인들은 원어 표기를 좋아합니다.
씨앤仙을 더러 쓰기는 하지만
센트cent로 직접 표기하길 즐기는 편이지요.

중국어를 전공하는 한 젊은이가
어느날 나를 찾아왔습니다.
그러면서 선교仙教 이야기를 꺼냈습니다.
중국어에서는 선교宣教missionary work를
포교의 뜻인 '선교宣教'로 쓰지 않고
씨앤지아오仙教Xianjiao로 쓴다고요.
내가 젊은이에게 되물었습니다
"그럼 불교는 어떻게 쓰고 읽으며
기독교는 어떻게 표기하고 발음하지?"

화畵채彩선仙령靈

젊은이는 순간 당황하는 빛이 역력했습니다.
학문의 세계에서도 오독誤讀이 있고
잘못 이해하는 게 얼마든 있습니다.
그는 나의 되물음에서 깨달았습니다.
젊은이에게 문화를 잘못 읽었다는 말을
나는 한마디도 한 적이 없습니다.

젊은이가 내 질문을 듣는 순간
그간의 문화 오독文化誤讀을 깨달은 것입니다.

그는 너무너무 기뻐했습니다.
"큰스님, 감사합니다. 고맙습니다.
제가 하마터면 평생토록 문화를 잘못 읽을 뻔 하였습니다.
저의 문화 오독은 제게서 끝나는 게 아니라
제 지도를 받는 후배들에게도 이어질
문화 오독의 패러다임이 될 뻔 했습니다.
이제 큰스님의 말씀 한 마디로
이 문제 만큼은 제대로 읽고 전하게 되었습니다."

젊은이는 내가 자신의 문화 오독의 길을
바르게 제시하여 주었다고 하지만
나는 젊은이에게서 많은 것을 배웠습니다.
바로 '교학상장敎學相長'입니다
젊은이가 깨닫는 모습을 눈으로 보며
나 또한 젊은이의 순수에 감탄하였습니다.
육조의 스승 오조 홍렌弘忍Hongren(602~675) 조사가
육조 훼이능慧能Huineng(638~713)의 깨달음을 보며
기뻐했을 그 마음이 고스란히 느껴지는 시간이었습니다.

신선 선仙 자는 이 글자 외에도

들 입入 자에 메 산山 자를 쓴 신선 선屳과

사람 인人에 메 산山을 한 신선 선仚이 있습니다.

이 글자들을 놓고 본다면 신선의 특징은 은둔隱遁입니다.

또한 신선 선仙 자 외에 신선 선屳,

신선 선, 사람 산 위에 있을 헌仚, 신선 선, 춤출 선僊

신선 선僲, 신선 선/춤출 선僊이 있습니다.

산山은 하나인데 산신人이 둘이다 보니

어지럽다 하여 쓰여진 어지러울 헌仚 자도 있습니다.

선仙은 한 마디로 산山사람이고 은둔자입니다.

허미트Hermit가 은둔을 뜻하는데

우리 부처님을 '황금 신선金仙'이라 했지요.

석가모니 부처님은 6년간 은둔과 고행 끝에 내려오십니다.

은둔자에서 참여자로 바뀝니다.

스님네를 은둔자로 여기고

스님네 스스로도 은둔자인 체하지만

은둔자는 수행자로서의 마지막이 아닙니다.

수행자의 끝은 결코 깨달음이 아닙니다.

수행자의 끝은 참여자며 보살입니다.

0440 신령 령靈

靈

신령 령靈 자는 비 우雨가 부수입니다.

하늘로 오르는 비를 본 적이 있나요?

으레 한 번도 본 적이 없겠지요.

마찬가지로 영靈이 인간에게 오는 것입니다.

비는 언제나 하늘에서 내리듯

신령은 강하降下만 있을 뿐입니다.

이체자로는 신령 령靈 자 외에

신령 령霝, 신령 령霛, 신령 령/비올 령霎, 신령 령霝

신령 령靁, 신령 령靈, 신령 령靈 등이 있습니다.

모두 비 우雨 자가 들어있습니다.

신령, 혼령, 혼백, 영혼, 귀신, 유령, 도깨비, 정기, 영기

정신, 감정, 존엄, 하늘 천제, 영적 존재, 복, 도움, 위세

법령, 신령스럽다, 기이하다, 영검하다, 영험하다, 총명하다

죽은 자에 대한 높임 말, 덕이 거룩하고 슬기롭다

성스럽고 밝다, 통달하다, 훌륭하다

아름답다 등이 있습니다.

영靈은 한마디로 무당巫堂입니다.

무당은 여자며 남자는 박수라 하지요.

영어로는 sorcerer라 하며 마법사 마술사로 풀이됩니다.

영어 sorceress는 박수의 여성형입니다.

기본의 신령靈 자를 한번 보십시오.

글자가 과연 어떻게 이루어져 있습니까?

신령 령靈 자는 부수 비 우雨 자 아래에

입口이 3개가 있는데

첫째는 신神의 입이요

둘째는 기원하는 자의 입이며

셋째는 중개자의 입입니다.

신은 말이 없습니다.

중개자인 무당의 입을 통해 의사를 전합니다.

기원하는 자는 입이 있으나

신과 직접 대화가 불가능합니다.

무당의 입을 통해 원하는 바를 전합니다.

오직 무당만이 중개자로서

신과 인간의 생각을 교류합니다.

그래서 신령 령靈 자에는

맨 아래 무당 무巫 자가 놓여 있습니다.
무당巫은 신一과 인간ㅡ 사이를
하나로 연결ㅣ 짓는 중개자입니다.
무당은 인간의 모습을 하고 있는 신人과
신의 모습대로 살아가는 인간人을 대신하여
두 관계자를 연결시키는 일을 합니다.
따라서 무당은 중개자입니다.

신령 령靈 자 간체자에는
돼지머리ㅋ를 희생火으로 올려놓고
신령에게 기원하는 모습을 담고 있습니다.
또는 희생으로 돼지머리ㅋ를 올리는 게
신령에게는 더없이 소중大하다 합니다.
그런가 하면 곧바로 비의 신霝으로 표현하고
신령은 보통 여신囊임을 나타냅니다.

활弓이란 거리를 초월하여
상대에게 뜻을 전달하는 기능이 있기에
입 대신 3개의 활霧을 표현했으며
입만 3개㗊를 표현하기도 했습니다.
무당巫을 표현하지 않은 신들이
대부분이기는 하지만

이를 대변하는 자가
곧 박수sorcerer고 또한 무당Sorceress입니다.

선령들이 채색으로 수를 놓았다는 것은
건축물에 벽화가 잘 그려져 있고
곳곳에 탱화가 모셔져 있음을 뜻합니다.
각이 있고 그림이 있고
벽화 탱화가 있다면 종교가 있음입니다.
종교를 인정하는 사회나 국가는 경직되어 있지 않습니다.
리앙우띠는 경직된 황제가 아니었습니다.

보리달마를 맞아들여 대화를 나누고
수많은 불교문화를 융성시킨
리앙梁의 우띠武帝, 그는 불심천자였습니다.
우띠가 불심천자였음을
불교인들이 다 나서서 얘기하는 것보다
대학자였던 저우씽스 선생의 명저
천자문에서의 한 마디가
나는 훨씬 힘power이 크다 하겠습니다.

화畫채彩선仙령靈

병丙사舍방傍계啓
갑甲장帳대對영楹

0441 **남녘 병** 丙

0442 **집 사** 舍

0443 **곁 방** 傍

0444 **열 계** 啓

정전곁에 병사문은 열려있는데
기둥에는 장막들이 아름다워라

0441 남녘 병/ 셋째 천간 병丙

丙

1973년 겨울이었습니다.
만 20돌 생일을 제천 외갓집에서 지냈습니다.
겨울 땔나무와 소먹이 여물만 넉넉하다면
시골의 월동준비는 거의 완벽했습니다.
나는 서둘러 채비를 다 마친 뒤
머리도 식힐 겸 제천으로 향했습니다.
큰 외숙이 어머니보다 10년 정도 위셨으니
아마 지금의 내 나이쯤이셨을 것입니다.

내가 인사를 드리고 한 켠에 앉자
다짜고짜 말씀하셨습니다.
"병신지년경인두丙辛之年庚寅頭니라"
무슨 말인지 몰라 버벅대며 여쭈었습니다.
"외외~외숙부님,
무~무슨 말씀이신지요?"
"병신야반생무자丙辛夜半生戊子니라."
뜬금없이 이어지는 말씀에 그냥 가만히 있을 수밖에요.

뭔가 하실 말씀이 더 있을 것만 같았습니다.
아니나 다를까 다음 말씀이 이어졌습니다.
"갑기지년병인두甲己之年丙寅頭니라."
나름대로 한문을 익혔다고는 했지만
그것도 이미 대여섯 해 전 일이고
당시는 주경야독晝耕夜讀으로
4년 가까이 사법고시를 준비 중에 있었습니다.

외숙부께서 넌지시 물으셨습니다.
"무슨 말인지 알아듣겠니?"
"네, 말씀은 알아듣겠습니다만
내용은 아직 익힌 적이 없습니다."
"내가 써 주지 않았는데 알아들었다고?"
"네, 외숙부님, 송구합니다.
어떻게 쓰는지는 대충 알겠습니다만
내용은 외숙부님께서 일러주십시오."

큰외숙께서는 차근차근 말씀해주셨습니다.
그 이후로 병丙 자 들어간 해만 되면
어김없이 큰외숙 생각이 났고 자상하던 모습이 떠오릅니다.
더욱이 올해가 바로 병신년丙申年입니다.
병신지년의 '병신'은 모두 천간이지만

올해는 천간과 지지를 합해 병신년입니다.

남녘 병丙 자는 한일一 자가 부수입니다
상형문자로서 제사할 때 희생물을 얹는
큰 젯상祭床을 본뜬 글자입니다.
중국과 우리나라 주거 문화는 비슷하지요.
북쪽을 등지고 남쪽을 향했습니다.
이는 북반구에서 살아가는 이들이라면
지극히 자연스러운 문화 현상입니다.

23.5° 기울어진 지구를
적도 위에서 내리쬐는 햇살이
여름이면 직선으로 비추기 때문에 뜨겁지만
겨울이면 사선으로 비추는 까닭에
남동쪽에서 떠서 남서쪽으로 지는 햇살을
조금이라도 더 받기 위해서는
남향집을 선택할 수밖에 없습니다.
이러한 현상은 사람만이 아니라
생명을 가진 자의 자연스러운 선택입니다.

가령 중국 사람이나 우리나라 사람이
남반구에서 살아간다고 가정할 때

그때도 북쪽을 등지고 남쪽을 향한 집을
명당으로 칠 것인가 하는 문제는
그다지 중요하지 않을 것입니다.
그러나 북반구에서 살아가는 한에 있어서
이 문화를 따라갈 수밖에 없습니다.

이런 문화에서 남녘 병丙 자를 본다면 이해가 가겠지요.
병丙의 부수 한 일一 자에 담긴 뜻은
첫째는 임금의 뜻이고
둘째는 궁궐의 뜻이고
셋째는 묘지의 뜻이고
넷째는 부모의 뜻이고
다섯째 스승의 뜻이고
여섯째 주택의 뜻이고
일곱째 아내의 뜻입니다.

이들이 있는 곳冂을 향해 들어갈入 때
남쪽丙에서 시작하지 않겠습니까.
이제 남녘 병丙 자에 담긴 의미가
조금은 이해가 되시겠는지요.
왜 이렇게 생긴 글자가 남녘의 뜻인지
왜 '빙丙Bing'이라 발음했는지 알 것입니다.

발음의 근원을 찾는 일Homework은
이 글을 읽는 분들의 몫으로 돌려드립니다.

0442 집 사舍

이 집 사舍 자에 이체자가 있습니다.
지붕人과 지붕 아래 식구口는 같은데
가운데 글자를 하늘干로 보느냐 땅土으로 보느냐입니다.
하늘로 보면 이런 집 사舍 자가 되고
땅으로 보면 이런 집 사舍 자가 됩니다.
집 사舍 자의 의미소인 부수를
혀 설舌 자로 보는 게 거의 정설이지만
길할 길吉 자로 볼 수도 있습니다.

집, 가옥, 여관, 버리다, 포기하다, 폐하다, 내버려 두다
개의하지 않다, 바치다, 기부하다, 희사하다, 놓다
일을 차리어 벌이다, 휴식하다, 쉬다, 베풀다
도와주어 혜택을 받게 하다, 화살을 쏘다

풀리다, 의심이 사라지다, 벌여놓다 따위의 뜻입니다.

집 사舍의 본자는 버릴 사捨 자입니다.
버릴 사捨 자에서 독립한 글자가 다름 아닌 집 사舍 자인데
지붕人 아래 다락一 방스이 있고
다락방스과 아래층口이 연결 | 된 중간에
가로로 편액一이 길게 걸려 있는 그런 집입니다.
편액이 걸린 집이라면 그냥 평범한 가정집이 아니겠군요.
아무래도 주상복합건물일 듯싶습니다.

나는 어렸을 때 친구 집에 놀러갔습니다.
우리 집보다는 잘 사는 집이었지요.
부모님이 싸전을 하셨는데 다락방이었습니다.
이게 친구의 방이었습니다.
겨우 들어가 앉을 낮은 방이었습니다.
사남매가 한 이불을 덮고 사는 나에게
다락방이 따로 있는 친구가 꽤 부러웠습니다.

그 후 나는 다락방을 입에 달고 살았습니다.
그러다가 동아프리카 탄자니아
킬리만자로산 2000고지 산기슭에
11평짜리 함석 지붕 돌벽돌 건물을 지으면서

그 건물 다락방 인법당因法堂에

까만 부처님을 모시고 3년간 살았습니다.

따지고 보면 원願을 푼 셈이지요.

인법당이 주상복합개념이라면

비유가 적절하다고 보기는 좀 그렇겠지요?

아무튼 집舍, 舍, 捨 자의 개념은 재밌습니다.

끊임없이 에고ego를 놓아버리捨면서

가족口들과의 대화吕가 오감입니다.

집舍은 '삼합 집스'입니다.

아내와 남편이 화합하고 부모와 자녀가 화합하고

형제자매가 서로 화합하는 곳입니다.

가족애로 평등一을 싹 틔우고

존경과 사랑으로 질서丨를 키우는 곳 집은 이런 곳입니다.

병사丙舍란 어떤 건물을 얘기할까요?

고궁 건축을 돌아보면 알 수 있습니다

임금과 조정이 집무를 보는 대전大殿이 있고

대전 옆에 편전便殿이 있습니다.

편전은 임금이 상주하면서

정사를 보던 임금의 집무실입니다.

경복궁에서는 사정전思政殿이 편전이고

창덕궁에서는 선정전宣政殿이 편전입니다.

멀 경冂 자를 예로 놓고 본다면
위의 가로 놓인─ 건물이 본체 대전이고
왼쪽丨과 오른쪽丨 건물이 편전입니다.
병丙 자의 일─은 임금의 자리이고
이 임금을 본체 대전에서 알현하려면
멀 경冂 형태의 병사를 걸칠入 때 가능하겠지요.

또한 임금이 민정을 살피기 위해서거나
병사 밖에 모셔진 묘역을 참배할 때
병사丙舍 건물 끝을 돌아
대전 밖으로 나갈 수도 있겠지만
때에 따라서는 지름길이 필요하기도 합니다.
그때 병사의 옆문을 열어 드나듭니다.
문이란 여닫는 기능만 있는 게 아니라
들고나는 기능도 함께 지니고 있습니다.
아래 '곁문傍을 연다啓'는 게 바로 이 뜻입니다.

傍

곁 방傍, 곁 방㫄, 곁 방旁
사람인변亻에 두루 방旁 자인데
두루 방旁은 총체적 개별적 방위方를
여섯 곳六으로 표현합니다.
방위는 우주宀 위에서 펼쳐집니다.
사람이 바로 자신이 서 있는 자리에서
사방四方과 위아래 여섯 방위를 가늠합니다.

정토부 경전 중 《불설아미타경》에서는
동남서북 사방과 아래 위를 합하여
여섯 방위로 표현하고 있습니다.

초기경전 《육방예경》에서도 마찬가지인데
육방예경은 부처님께서 여섯 방위에
동쪽은 부모
서쪽은 처자
남쪽은 스승

북쪽은 친구

위쪽은 스님

아래는 하인으로 보고 예배하라는 것입니다.

이와 달리 《불설아미타경》에서는

네트워크network 형성과 그 실현입니다.

불설아미타경을 설법하시는

서가모니부처님이 계신 사바세계가

메인 스튜디오main studio입니다.

이 메인 스튜디오에서 여섯 방위를 연결시켜

극락세계를 하나하나 설명하시고

실황 다큐멘터리로 보여주시는

우리 서가모니 부처님 모습은

생각만 해도 참으로 멋지게 느껴집니다.

이처럼 '열 계啓'자가 무릇 7자나 됩니다.
열다, 열리다, 일깨워주다, 보도하다, 사뢰다
책상다리를 하다, 안내하다, 여쭈다
인도하다 따위의 뜻이 있습니다.

입 구口 자가 부수인 까닭에
말로 사람을 가르쳐 깨우치게 하고
생각의 지평을 열어주는 것을 말합니다.
그러므로 일곱 글자 모두 입 구口 자거나
또는 말씀 언言 자가 들어있습니다.
언어口/言를 통해 마음의 지게문尸을 열고
갇혀 있던 생각을 자유롭게 함입니다.

먼 데 문을 열려 하십니까.
가까운 데 문을 먼저 여십시오.
큰 문을 열려 하십니까.
작은 문부터 여십시오.

하늘의 문을 열려 하십니까.
이 땅의 문부터 활짝 여십시오.
서방정토의 문을 열려 하십니까.
사바세계 행복의 문을 먼저 여십시오.

갑사甲舍

을사乙舍

병사丙舍

정사丁舍

어느 것이 행복사幸福舍의 문입니까.

<112>

병丙사舍방傍계啓

갑甲장帳대對영楹

0445 **갑옷 갑 甲**

0446 **장막 장 帳**

0447 **대할 대 對**

0448 **기둥 영 楹**

갑甲장帳대對영楹

정전곁에 병사문은 열려있는데
기둥에는 장막들이 아름다워라

0445 갑옷 갑甲

첫째 천간 갑甲으로도
친압할 압甲으로도 새깁니다.
친압하다는 말은 그림씨形容詞로서
버릇없이 너무 지나치게 친한 것입니다.
어근은 '친할 친親 익숙할 압狎'이지요.
친압하다고 표현할 때를 제외하고는
모두 갑옷 갑甲 자로 새깁니다.

갑옷, 몸을 감싸고 있는 단단한 껍데기
딱지, 껍질, 첫째, 으뜸, 우두머리, 손톱, 아무개某甲
첫째, 천간, 갑질하다, 싹트다 따위의 뜻이 담겨 있습니다.

껍질이 있는 씨앗이 새롭게 싹이 트면서
아직은 씨앗 껍질을 뒤집어쓴 모양입니다.
씨앗이 싹 틀 때 싹이 먼저 돋고
이어서 잔뿌리가 뻗기 시작합니다.
이 갑甲 자를 거꾸로 놓고 보면 유由 자로

씨앗의 껍질에서 돋아난 여린 새싹 모습이
완벽한 느낌으로 다가올 것입니다.

불교의 천도의식문 가운데
〈구병시식문救病施食文〉이 있습니다.
〈전시식문奠施食文〉
〈관음시식문觀音施食文〉
〈화엄시식문華嚴施食文〉과 더불어
너무나 잘 알려진 시식문입니다.

'구병시식문'은 글자 그대로 아픈 이를 위해
차, 과일, 떡, 나물, 메, 물, 전, 과자 등
여러 가지 음식을 장만하고
일곱 마리 말과 짚을 썰고 흰콩 섞은 여물과
금전 은전 등 동전을 준비한 뒤
남귀男鬼, 여귀女鬼와 책주귀신責主鬼神
곧 빚쟁이 귀신을 초대하여 모십니다.
그리고 시식단 한가운데
초면귀왕 비증보살마하살을 모신 뒤
배고픈 신들에게 음식을 베푸는 의식문입니다.

이때 초면귀왕焦面鬼王은 누구며

비증보살悲增菩薩이 누구입니까?

중생을 구제하려 불 속에도 뛰어들어

얼굴이 까맣게 그을렸기에 초면귀왕이며

자비가 워낙 크기에 비증보살마하살입니다.

다른 이름은 동진同塵보살인데

화광동진和光同塵에서 따온 이름입니다.

정성을 다해 배불리 대접하는 만큼

환자에게 묵은 빚이나 원한 관계가 있다면

다 풀어버리고 어서 떠나라는 것입니다.

바로 여기 이 〈구병시식문〉에

동방의 갑을신甲乙神이 등장합니다.

동방갑을청색신東方甲乙靑色神

남방병정적색신南方丙丁赤色神

서방경신백색신西方庚辛白色神

북방임계흑색신北方壬癸黑色神

중방무기황색신中方戊己黃色神

오방신五方神들을 낱낱이 다 청합니다

오방신들 중 동방은 갑甲의 신과 을乙의 신입니다.

갑과 을에 해당하는 신은

오행五行으로는 목木에 속하고
계절은 봄에 속하며
색깔은 파란색입니다.
때는 새벽에 속하고
녕설로는 정월 초하루 설에 속합니다.

행성行星으로는 목성木星에 속하고
오성五聲은 부름呼에 속하고
오음五音은 각角에 속하며
오장五臟은 간에 속하고
오부五腑는 쓸개에 속합니다.

오체五體는 힘줄筋에 속하고
오지五志로는 노여움에 속하며
손가락은 집게손가락食指에 속하고
오관으로는 눈에 속하며
느낌으로는 시각에 속하고
체액으로는 눈물에 속합니다.

맛 중에는 신맛에 속하고
냄새에서는 누린내에 속하며
기운으로는 힘줄 기운이고

영화榮華로는 손톱에 속하며
신령스러운 짐승으로는 청룡에 속하고
가축 중에서는 개에 속하며
벌레 중에는 비늘 벌레에 속합니다.
비늘 벌레는 물고기, 곤충, 파충류지요.

오곡으로는 모시와 삼苧麻에 속하고
과일 중에는 자두李에 속하며
나물 중에는 부추韭에 속하고
오상五常으로는 인仁에 속합니다.
오경五經 중에는《시징詩經》에 속하고
오정五政은 너그러움에 속하며
오기五氣로는 바람에 속합니다.

오화五化로는 태어남生에 속하고
오사五祀로는 사립문戶에 속하고
괘상으로는 진괘震卦에 속하고
성수成數로는 팔八에 속하고
오동五動으로는 꽉 움켜쥠握에 속하고
몸의 위치로는 목頸項에 속합니다.

이들 오행과 관련된 것 중에서

갑甲을 설명하려다 보니
을乙까지 함께 얘기가 길어졌습니다.
왜냐하면 천간天干에서 갑甲과 을乙은
늘 세트로 따라다니는 짝꿍입니다.
둘은 커밍아웃Coming-out한 사이입니다.
따라서 이들을 따로 떼어 놓고
하나하나 설명한다는 것은 옳지 않습니다.

나는 갑옷 갑甲이라 하면
어문학으로 가장 먼저 떠오르는 것이
갑골甲骨이고, 갑골문자입니다.
갑골문은 인殷Yin나라나 저우周zhou나라 때
거북의 등딱지나 짐승의 뼈에 새긴 문자로
오늘날 한자의 시조始祖에 해당합니다.
갑골문에서 갑甲은 거북의 등딱지고
골骨은 짐승의 뼈를 가리킵니다.

이를 하나로 묶어 갑골문자라 하는데
갑골문자 내용의 대분분이
점복占卜에 관한 기록들입니다.
학자들은 곧잘 얘기합니다.
"이는 과학이 발달하지 않은 옛날이니까?

점복을 통해 길흉화복을 점쳤다"고요.
그런데 정말 그럴까요?
첨단과학이 발달한 오늘날에는
점복문화가 아예 자취를 감추었을까요.

그렇지 않습니다.
과학은 과학이고 점복은 점복입니다.
과학으로는 최첨단이라 할 수 있는 미국에서
점성학이 더욱 성황을 이루고 있다면
내가 잘못 얘기하고 있는 걸까요.
지금은 비록 시작 단계라 하겠지만
앞으로 머잖아 스마트폰의 자리를 넘겨 받을
인공지능A.I의 미래를 앞두고
개발업체 CEO들은 누구에게 묻는지 아십니까?
미래예측학자 곧 예언가에게 먼저 묻습니다.

이유는 간단합니다.
아무리 첨단과학이 발달한다 하더라도
한 치 앞의 미래는 알 수 없는 까닭입니다.
인간은 시간 앞에서는 나약한 존재입니다.
두 손이 꽁꽁 묶여 대책이 없습니다.
이를 속수무책束手無策이라 하지요.

자코 반 도마엘이 2009년 9월에 개봉한
과학 영화 《미스터 노바디Mr. Nobody》에서
여남은 살의 '니모 노바디'는 말합니다.
"1초 뒤 내 운명이 어찌 될지 어떻게 알아?"
아무도 자신의 미래는 알 수 없습니다.
50년, 30년 뒤가 아닙니다.
10년, 5년 뒤도 아닙니다.
아니, 하루 이틀 뒤도 아니고
한 시간, 10분, 1분 뒤도 아닙니다.
1초 뒤 어찌 될지 어떻게 알겠습니까.

0446 장막 장帳

장막에는 여러 가지가 있을 수 있습니다.
피륙絹을 여러 쪽으로 잇대어 둘러치는
그런 장막을 얘기할 수도 있습니다.
군의 막사軍幕나 천막을 얘기할 수도 있고
극장에서 무대를 가렸다 열었다 하는

그런 가림막도 있을 수 있습니다.

영화는 상영실에서 빛으로 쏘아줍니다.
필름에 담긴 영상을 빔Beam으로
스크린Screen에 쏘아주기만 하면 됩니다.
그러나 연극이나 창극처럼 즉석 공연은
막을 내렸다 올렸다 하는 테크닉이 필요합니다.
장면이 바뀌면 무대 장치가 바뀌어야겠지요.
그런데 막이 내려오지 않으면
무대장치를 바꾸는 장면이 그대로 노출됩니다.

관객에게 보여줄 필요가 없는
장치의 교체를 다 보여주게 될 때
관객은 내용의 연속성에서 끊기게 됩니다.
그래서 필요한 것이 무대의 막이
때로 가렸다 열렸다 하는 작업입니다.
이 막幕과 막幕 사이를 막간幕間이라 하지요.
영어로는 인터미션Intermission인데
어쩌면 인생에서도 필요한 시간일 것입니다.

여기 천자문에서 장막은 침실 커튼curtain입니다.
치엔한우띠前漢武帝Qianhanwudi는

중국역사 속에서 가장 뛰어난 우띠입니다.
치엔한우띠 리우츠어劉徹 당시에
삼천 갑자를 살았다는 장수의 대명사
똥팡쑤오東方朔Dongfangshuo가
한우띠를 위해 화려한 커튼을 만듭니다.

최상의 보석으로 2개를 만들었는데
갑장甲帳이란 커튼 안쪽에는 신을 모시고
을장乙帳이란 커튼은 침실 커튼이라
한우띠 스스로 사용하게 됩니다.
한우띠의 역사에 대한 평가는 접겠습니다.
나는 역사학자가 아니며 평론가는 더더욱 아닙니다.

우띠武帝에는 여러 명이 있습니다.
(1)웨이魏Wei 차오차오曹操CaoCao
(2)꾸앙光Guang 리우씨우劉秀Liuxiu
(3)따오道Dao 투어빠꾸이拓跋珪Tuobagui
(4)홍洪Hong 쭈위앤짱周元璋Zhuyuanzhang

웨이우띠魏武帝 차오차오曹操와
홍우띠洪武帝 쭈위앤짱周元璋에 대해서는
이름만 들어도 알 수 있는 이들입니다.

꾸앙우띠光武帝 리우씨우劉秀는
치엔한우띠 리우츠어劉徹의 후손이지요.
다름 아닌 허우한우띠後漢武帝입니다.

장막 장帳 자는 수건 건巾이 부수이고
긴 장長 자가 소릿값입니다.
간체자로는 장막 장帐 자가 있고
번체자 휘장 장賬 자와 간체자 휘장 장账 자가 있습니다.
비슷한 글자로는 베풀 장張 자가 있습니다.

0447 대할 대對

페이스 투 페이스Face to face
얼굴을 맞대고 서로 마주 앉음입니다.
혼잣말을 독백獨白이라 하고
두 사람이 얘기 나눔을 대화對話라 하고
또는 대담對談이라고도 표현합니다.
대할 대對는 '마주 봄'입니다

두 사람을 넘어서면 시선이 바뀝니다.

눈동자가 좌우로 움직일 수밖에요.

그러기에 고정의 의미 대對가 되지 못합니다.

세 사람의 얘기를 정담鼎談이라 하지요.

솥은 발이 세 개인 까닭입니다.

어떤 이는 세 사람 얘기도 대담이라 하는데

이는 대對의 뜻을 모르는 까닭입니다.

그럼 세 사람을 넘어서면 뭐라 하나요?

맞습니다. 회담會談입니다.

네 사람 이상이 모여 얘기를 나눈다면

이는 대담도 아니고 정담도 아닌 회담입니다.

갑甲진辰 대對야腦

대할 대對 자는 마디 촌寸이 부수입니다.

위의 업 업業 자가 대칭을 이루지요.

가운데 구결자 하ヽ 자도 대칭을 이룹니다.

아래 임금 왕王 자는 어떻습니까?

역시 대칭을 이루고 있지 않나요?

본디 부수인 마디 촌寸 자를 빼고

왼쪽의 글자는 종鐘을 걸어두는 종틀입니다.

무거운 종을 걸기 위해서는

좌우 대칭이 정확하지 않으면 안 됩니다.

여기서 '둘'의 뜻 대對가 된 것입니다.

0448 기둥 영楹

기둥 영楹 자의 부수는 나무 목木이고
찰 영盈 자는 소릿값에 해당합니다.
소릿값에 해당하는 찰 영盈 자는
그릇 명皿 자 위에 무엇을 얹었습니까?
이문 얻을 고及 자를 살짝 얹어놓았습니다.
이문 얻을 고及 자를 분석하면
뒤져올 치夂에 공교할 교丂 자입니다.
이문이 공교롭게 얻어진 것이고
이 이문이 그릇에 넘치기에 '가득 참'이지요.

배흘림기둥이 생각납니다.
굵고 단단한 나무를 깎아 기둥을 세울 때
아래위는 약간 가늘게 깎고
중간은 굵게 깎을 때 힘을 받습니다.

이른바 '아치arch의 법칙' 때문입니다.
위아래는 굵은데 가운데가 가늘다면
양쪽이 굵고 가운데가 가는 대들보와 같아
전혀 힘을 받을 수가 없습니다.

글자 한 자 한 자마다
물리학의 법칙이 고스란히 들어있습니다.

<113>

사肆연筵설設석席
고鼓슬瑟취吹생笙

0449 **베풀 사** 肆

0450 **자리 연** 筵

0451 **베풀 설** 設设

0452 **자리 석** 席

돗자리를 펼친뒤에 자리정하고
북을치고 비파뜯고 젓대를분다

肆

방자할 사肆 자로도 새기는데 '제멋대로 하다' 외에
아랑곳하지 않다, 마음대로 하다, 베풀다, 펴다, 늘어놓다
전시하다, 진열하다, 장식하다, 과시하다, 디스플레이하다
드러내다, 늦추다, 시험하다, 곧다, 찌르다, 드디어, 넉
마구간馬廐間, 가게, 점포, 매점 따위의 뜻이 들어있습니다.

부수 붓율聿에 긴 장長 자가 소릿값입니다.
중국어에서도 가게의 뜻으로 쓰는데
빠오위지쓰鲍鱼之肆baoyuzhisi=어물전
지우쓰酒肆jiusi=술집, 시쓰市肆shisi=시내 상점
수쓰书肆shusi=서점(옛말)이 있고
셈씨數詞 4, 쓰四si의 갖은자이기도 합니다.

중국어에서 쓰잉肆应siying은 대응으로
쓰잉지차이肆应之才siyingzhicai는
팔방미인이란 뜻으로 쓰이고 있으며
산위쓰잉善于肆应shanyusiying이라 하면

사肆역經설設석席

교제에 '능란하다'로 풀이됩니다.
여기 《천자문千字文》에서는 '펴다'의 뜻입니다.
'자리 깔다'의 '깔다'에 해당합니다.

0450 자리 연筵

대오리로 엮어 만든 자리, 대자리, 좌석, 연회
술자리酒筵, 곳, 장소, 펴다 등의 뜻입니다.
부수는 대죽竹이고 끌 연延 자는 소릿값입니다.
끌 연延은 늘일 연延으로도 새기는데
우리나라 서울 연세대의 연세가
늘일 연延 세상 세世입니다.
이는 세상을 늘이는 게 아니라
세상에 진리를 널리 펼친다는 뜻입니다.

늘일 연/끌 연延 자는
'길을 가다廴'의 뜻도 있지만
기하학적丿으로 더 멀리 전해지길乀 바라는

간절한 염원이 담겨있다고 할 것입니다.
삶의 길은 가다丈, 서다止
오르다 내리다丿를 반복하되
끝내는 목적지에 이른다는 것입니다.

여기서 얘기하는 대자리筵는
경연經筵을 펼치는 장소에
사람이 앉을 수 있게끔 까는 멍석입니다.
이 멍석, 이 돗자리 위에
좌석座席이나 방석을 놓게 되겠네요.

0451 베풀 설設/设

設/设

일殳을 잘할 수 있도록
말言로 지시하고 타이름을 뜻합니다.
남에게 명령言으로 시킴이지요.
수殳는 몽둥이 수殳 자로써 넓적다리 고股 자에서
왼쪽 육달월月이 생략되었는데

몸으로 직접 부딪쳐 일하는 것을 뜻합니다.

몽둥이 수殳는 창 수殳 자로도 새기는데

안석 궤几에 또 우又 자입니다.

안석案席은 일터에 해당하고 우又는 오른손을 뜻합니다.

일터几에 배치되어 힘껏又 일함이지요.

이 글자에 담긴 뜻은 '베풀다'를 비롯하여

일을 차려 벌이다, 갖추어지다, 설치하다, 세우다

설립하다, 도와주어 혜택을 받게 하다, 온전하다, 진열하다

도모하다, 허락하다, 등용되다, 붙잡다, 들어맞다

포획하다, 부끄러워하다

연회, 잔치, 설령, 가령, 만약, 경연 등입니다.

177

席

땅 위에 까는 자리를 연筵이라 하고

연筵 위에 까는 자리를 석席이라 합니다.

석席은 수건 건巾 자가 부수이고

뭇 서庶의 생략형이 곧 소릿값입니다.

집 엄广 자와 스물 입廿 자가 만나

뭇 서庶의 생략형이 됩니다.

'열' '스물' '서른' 할 때 '스물'이란

많다는 뜻을 지닌 스물스물의 단수입니다.

지위가 그다지 높지 않은 백성들이

많이 모여 있음을 스물스물이라 하는데

임금을 비롯한 삼정승을 제하면 모두가 백성입니다.

더 정확하게는 삼정승도 백성입니다.

천자나 임금이 앉는 자리에는

수를 놓은 가선-繕이 있으므로

자리 석席 자에 수건 건巾이 들어있습니다.

그러나 백성들 자리는 가선은 없지만
여럿의 의미를 따르기에 서庶가 붙습니다.
같은 글자로는 자리 석蓆 자가 있고
같은 의미의 글자로는
자리 좌座와 대자리 연筵이 있습니다.

우리나라 속담에 의하면
"하던 짓도 멍석簟 깔면 안 한다"는데
내일부터 북 치고 비파 뜯고 피리도 불게
오늘은 멍석이나마 한번 제대로 깔아 볼까요?

사肆연筵설設석席
고鼓슬瑟취吹생笙

0453 **북고 鼓**

0454 **비파슬 瑟**

0455 **불취 吹**

0456 **저 생 笙**

돗자리를 펼친뒤에 자리정하고
북을치고 비파뜯고 젓대를분다

0453 북 고鼓

鼓

같은 글자를 놓고 이름씨로 볼 것인가?

움직씨로 읽을 것인가 하는 점은

한자에서는 종종 있는 일입니다.

고슬취생鼓瑟吹笙에서 고슬鼓瑟이

이런 예에 속한다 하겠습니다.

고鼓 자를 '북'이란 이름씨로만 읽을 수도 있고

'북을 치다'처럼 이름씨와 움직씨를

한 단어에서 두 번에 걸쳐 풀 수도 있습니다.

또 뒤의 슬瑟을 부림말目的語로 두고

'치다'라는 움직씨로만 읽을 수도 있습니다.

지금까지 《천자문千字文》을 해설한 이들은

한결같이 고鼓를 슬瑟의 움직씨로 풀었습니다.

그러니까 고슬취생鼓瑟吹笙에서

비파 슬瑟과 생황 생笙은 부림말로

북 고鼓와 불 취吹는 움직씨로 푼 것입니다.

'비파를 뜯고(치고), 생황을 분다'로요

북은 치는打 악기 타악기고

비파는 줄絃로 된 악기 현악기며

생황은 관管으로 된 악기 관악기입니다.

이들 3가지는 모두 이름씨인데

취吹는 악기가 아닌 움직씨입니다.

불 취吹 자가 움직씨기에 격을 맞추고자

북 고鼓 자를 같은 움직씨로 볼 필요는 없습니다.

이는 북 고鼓 자는 움직씨로 풀이하든

이름씨로 풀든 다 뜻이 통한다는 것이지요.

북 고鼓 자는 그 자체로 부수입니다.

대나무 가지를 뜻하는 지支와

악기 이름인 주효가 만나

북을 친다는 뜻이었는데

나중에 직접 북을 지칭하게 되었습니다.

그런 면에서 볼 때 이 북 고鼓 자는

이름씨에서 움직씨로 간 게 아니라

움직씨에서 이름씨로 나오게 된 것이지요.

북고鼓 부수가

일본어로 된《지나어대사전支那語大辭典》에는

11902 북 고鼓, 11903 북 칠 고鼓, 11904 북소리 동鼕

11905 땡땡이 도鼜, 11906 큰북 분韇

11907 마상고馬上鼓 비鼙, 11908 북소리 창鞺

11909 큰북 고鼟, 11910 북소리 연韇으로 실려 있습니다.

숫자는《지나어대사전支那語大辭典》에 실린

총12,024자 중에서 수록순收錄順을 표현한 것입니다.

그 밖에도 북 고鼓 자 부수에는

북소리 등鼟, 북소리 연鼝, 종고 소리 당鼞, 북소리 잡鼛

떠들썩할 부鼔, 북소리 나지 않을 첩鼜, 북소리 답鼛

요란할 답鼛, 순찰 북 척鼛, 북 고鼓

북 고鼓 등 다양한 글자들이 있습니다.

우리는 한자를 찾으며

나름대로 고개를 갸웃거릴 때가 있습니다.

이를테면 소경 고瞽는 눈 목目 부수이고

부풀 고膏는 육달월月 부수이며

여뀌의 꽃인 요화 고藁는 초두머리 ⁺⁺ 부수지요.

이들 글자를 북 고鼓 부수에서 찾으면

아무리 자전을 뒤적여도 나오지 않습니다.

시각장애 소경 고瞽는 눈의 문제이기에

눈 목目 부수에서 찾아야 하고

몸이 부풀어오르는 증상 부풀 고臌는
몸의 건강과 관련되기에
육달월月에서 찾지 않으면 안 됩니다.
요화蓼花는 여뀌꽃입니다.
나무꽃이 아니고 풀꽃이므로
반드시 초두머리⁺⁺에 들어있습니다.

북 고鼓 자에 담긴 의미는
두드리는 타악기의 하나로 북Drum입니다.
북소리, 맥박, 심장의 고동, 두드리다, 치다
무게의 단위(480근斤이 1鼓), 부피의 단위(1되가 1고鼓)
시간更點을 알려주던 시보時報이기도 하고
휘두르다, 악기를 타다, 연주하다, 격려하다, 북돋우다
부추기다, 선동하다 따위입니다

고鼓슬瑟취吹생笙

0454 비파 슬瑟

瑟

거문고 슬/큰 거문고 슬瑟로도 새깁니다.
큰 거문고는 우리나라 현악기지요.
역시 현악기 비파琵琶를 가리키기도 합니다.
그림씨로 풀이할 때는 '쓸쓸하다' 외에
엄숙하다, 곱다, 많다의 뜻입니다.

다른 큰 거문고 슬瑟 자도 있는데
다 같이 현악기의 모양을 본뜬 각珏과 함께
소릿값에 해당하는 필必로 되어있습니다.
중국 발음이나 우리 한자 발음이나
필必과 슬瑟 두 글자가 똑같지는 않습니다.

'교주고슬膠柱鼓瑟'이란 말이 있습니다.
절에 들어온 지 여섯 해 뒤 1981년 초여름이었습니다.
종로 대각사에 머물고 있을 때인데
클래식 기타를 즐기는 거사님이 찾아왔습니다.

나는 수행자이기에 기타는 물론

어떤 악기도 다루면 안 된다는 의식이

언제나 내 머릿속에 가득 차 있었습니다.

비구계를 받은 지 5년이 지났지만

사미계에 '노래하고 춤추지 말고

그런 곳에 가지도 말라'는 조목이 있습니다.

그런데 나의 사형님 중에는

거문고를 즐기는 분이 계셨지요.

나는 클래식 기타를 즐기는 거사님에게

내 생각을 말했습니다.

내 얘기를 듣고 그가 말했습니다.

"스님은 '교주고슬膠柱鼓瑟'이십니다"

"교주고슬이요?"

"네, 스님, 스님은 교주고슬입니다."

처음 듣는 말이라 해석을 부탁했더니

교주고슬이란 비파 기타 거문고 등 현악기의

기러기발雁足을 아교로 붙여 놓아

음조를 바꾸지 못하게 한다는 것이었지요.

아교로 붙여 놓으면 조율이 안됩니다.

피아노든 기타든 가야금이든 비파나 거문고든

조율이 되지 않는다면 악기로서의 생명이 없는 것이지요.
수행자가 계율을 지킬 때는 으레 철저하되
그러나 계율이 누구를 위해 있습니까.
사람과 사람의 관계를 위해서지요.
그러나 고지식하여 꽉 막히면
융통성이 전혀 없는 사람이 될 것이고
무엇보다 대승불교의 꽃이라 할 수 있는
방편바라밀을 모르는 사람이 될 것입니다.
나는 그 거사님으로부터 받은 이 말을
삶의 화두처럼 부여안고 살아왔습니다.

나는 그날로 종로 2가에 있는
이른바 '교향전자음악학원'에 등록을 마쳤습니다.
종로 2가에서 종각 방면으로 양우당 서적이 유명했지요.
바로 그 옆에 있는 전자음악학원이었는데
클래식 기타를 배우겠다고 등록하고는
닷새 다니고 그만두었습니다.
학원비가 아까웠지만 그냥 접었습니다.

평소에는 늘 그만두길 잘했다고 여겼는데
그로부터 23년이 훌쩍 지난 뒤 아프리카에 나가 있을 때
비로소 지난 날 배우지 않은 것을 후회했습니다.

나는 몸으로 할 줄 아는 게 없습니다.

부처님을 모신 법당에서 목탁 치고 염불하고

기도하고 축원하는 것 말고는 아무 것도 못합니다.

1980년, 1981년 이태에 걸쳐 사진을 배워

두 번이나 가작으로 입선을 했습니다만

수행자에게 붙을 '사진 작가'가 마음에 안 들어

1982년도에는 작품도 내지 않았고

1981년 가을부터 이듬해까지

침술도 배우다가 그만두고 말았습니다.

역시 수행자가 어쩔 수 없이 남의 옷을 벗기고

의료 행위를 한다는 게 용납되지 않았으니까요.

아프리카에서 말라리아 구제활동을 펴며

침술을 그만둔 것을 참으로 많이 아쉬워했습니다.

그들과 함께 어울릴 수 있는 놀이로

악기 하나 다룰 줄 알았더라면 하는 아쉬움이

52개월 만4년 4개월 내내 내 마음에 남아 있었습니다.

0455 불 취吹

吹

괜찮은 시 한 수 알려 드리고 싶습니다.
조비지이월鳥飛枝二月이오
풍취엽팔분風吹葉八分이라
새가 나니 나뭇가지는 한들한들
바람이 부니 나뭇잎새 사뿐사뿐
한들한들은 한달 한달이니 두 달이고
사뿐사뿐은 사분사분으로 팔분입니다.

불 취吹 자는 부수가 입 구口 자이고
불 취龡, 불 취歙 자와 같이 쓰는 글자입니다.
뜻으로는 불 허嘘 자와 같습니다.
입 구口 자는 먹다 말하다의 뜻이고
하품 흠欠 자는 숨을 내쉰다는 뜻으로서
입 안에 공기를 모아 힘껏 분다는 의미입니다.
으레 악기를 불 때는 세게 불어야겠지요.

입김을 불다, 불 때다, 불태우다, 과장하다

부추기다, 충동질하다, 퍼뜨리다 등과

바람, 관악, 관악기, 취주吹奏 악기의 가락 등입니다.

앞의 북 고鼓 자와 함께 고취鼓吹라 할 때

북 치고 피리를 분다는 뜻도 있지만

용기와 기운을 북돋는다는 뜻도 있습니다.

따라서 어떤 의견이나 사상 따위를

열렬히 주장하여 선전함을 얘기합니다.

고취시킨다는 말의 어근이 되는 셈이지요.

0456 저 생笙

笙

생황笙簧 생笙이라고도 새깁니다.

앞에서 타악기로 북鼓이 나왔고

현악기로 비파, 거문고瑟가 나왔습니다.

여기서는 관악기로 아악雅樂에 쓰는

관악기의 하나로 생황이 나왔습니다.

이《천자문千字文》에서는 4글자 한 수 속에

타악기 현악기 관악기를 모두 들고 있습니다.

짧은 문장 속에 3가지 악기가 다 실렸으니
참으로 놀라운 문장이지요.

인류 최고의 물리학자인
앨버트 아인슈타인(1879~1955)박사
그는 그의 논문에서 'E=mc^2' 이라는 방정식으로서
에너지와 질량과 빛의 속도와의 관계를
완벽하고도 깔끔하게 처리하고 있습니다.

아인슈타인 박사의 선배가
천자문의 저자 저우씽쓰(470~521)입니다.
그리고 또 우리 부처님은 어떠하십니까.
《반야심경》에서 육부중도六不中道를 통해
'E=mc^2'의 이치를 완벽히 다 담아내었습니다.
우리 서가모니 부처님이 아인슈타인의 스승이지요.

어디 에너지, 질량, 빛의 속도뿐이겠습니까.
저 '불생불멸 불구부정 부증불감
不生不滅 不垢不淨 不增不減'이라는
12글자 속에는 E=mc^2을 비롯하여
우주宇宙 곧 시공간과 이 시공간 속에서 변화하는
모든 자연현상과 함께 생명의 법칙을

완벽하게 표현하고 계십니다.

자역학Quantum Mechanics과
초超 끈이론String theory을
부처님은 역시 '육부중도'로 담아내셨습니다.
브래인幕Brane의 세계와
다중우주론Many Multiverses
나의 '마디 가설節假說'까지 다 담고 있는데
우리는 《반야심경》을 마치 주문을 외듯
그냥 외우고만 있지 않습니까?
4글자 1줄에 모든 악기와 연주까지 다 담다니
저우씽스 선생이 멋지지 않습니까?

고鼓슬瑟운琴치吹 생笙

<115>

승陞계階납納폐陛

변弁전轉의疑성星

0457 **오를 승陞**

0458 **섬돌 계階**

0459 **들일 납納**

0460 **섬돌 폐陛**

섬돌위로 폐하전에 오르는이들

관에박힌 구슬일랑 반짝이는별

오를 승陞과 들일 납納은 움직씨이고
섬돌 계階와 섬돌 폐陛는 이름씨입니다.
중국 조정의 품계라고 다를 게 없겠습니다만
조선 조정의 품계는 문관 무관으로 나누고
이를 다시 정正과 종從으로 나누었으며
여기서 다시 9품계가 있었습니다.
게다가 당상관 당하관이 있고
별정직이 있었기 때문에 매우 복잡했지요.

오늘날 대한민국의 공무원 품계도
1급으로부터 9급까지입니다.
지방공무원과 중앙공무원이 있고
지방공무원에도 인구의 비례에 따라
급수와 예우가 달라질 수밖에 없습니다.
가령 15만 명 이하의 지자체장은 4급이지만
15만 명 이상 50만 명 이하의 지자체장은
한 급수가 올라가 3급이 되지요.

50만 명 이상 100만 명 이하의 지자체장은
다시 한 등급 위인 2급이 되고
100만 명 이상 800만 명 이하의 지자체장은
1급 공무원입니다.

광역시도단체장은 인구에 상관없이 차관급이고
서울특별시장은 장관급입니다.

공무원 품계가 9급까지임은
이미 누구나 다 아는 사실입니다.
섬돌 계階 자와 섬돌 폐陛 자
다 같은 '섬돌'인데 담긴 의미가 다를까요.
으레 두 글자의 새김은 같습니다.
'섬돌'이란 '서다'라는 움직씨와 '돌'이라는 이름씨가 만나
'섬돌'이라는 하나의 이름씨가 되었습니다.

따라서 '섬돌'은 '앉음돌'이 아닙니다.
'섬돌'은 서서 오르는 돌계단 섬돌입니다.
그럼에도 불구하고 섬돌 계階 자는
일반 가정집에서도 쓸 수 있고
빌딩에서 아파트에서도 쓸 수 있습니다.
좌부방阝 오른쪽의 소릿값이기는 하지만
다 개皆 자가 '모두'란 뜻을 지닌 까닭입니다.

다 개皆 자를 보면 비할 비比에 흰 백白 자인데
이는 벼슬을 하지 않는다는 뜻입니다.
위계가 없는 맨머리白頭,

195

위계가 없는 맨옷白衣 등은 품계가 없습니다.
품계가 없다는 것은 초월이 아닙니다.
세상을 살아가는 데는 조직이 필요합니다.
이 조직에는 분명 힘이 실립니다.

그러기에 섬돌 폐陛 자가 등장하지요.
섬돌 폐陛는 섬돌 계階와 다릅니다.
섬돌과 관련된 한자가 더 있는데 보겠습니까?
섬돌 계階/堦/阶, 섬돌 체砌/刡/礤, 섬돌 비坒/圯
섬돌 내, 섬돌 래陳, 섬돌 폐陛/堨 등이 있습니다.

이 중에 10가지는 거기서 거기지만
섬돌 폐陛 자는 '대궐 섬돌 폐'로 새깁니다.
좌부방阝은 천자의 자리고, 스승의 자리고, 임금의 자리고
부모의 자리고, 아내의 자리 등이라고 하지 않았던가요.

그중에서도 폐陛는 천자의 자리이기에
폐하陛下라고 하면 천자를 칭함이고
전하殿下라고 하면 왕과 제후를 뜻합니다.
각하閣下는 총리 등 고급 관리이고
저하底下/邸下라고 한다면
왕세자를 높여서 부르는 칭호입니다.

폐陛는 아홉 개의 돌계단입니다.

'아홉' 곧 9라는 숫자는 자연수에서는 최고의 정점입니다.

구태여 국가공무원의 9개 급만이 아니라

자연수로서 가장 높은 수 이 수를 다 지나 올라간 자리에

천자天子가 있고 황제皇帝가 있습니다.

우리나라는 구한말에 이르러서야

황제를 모셨는데 바로 고종高宗이었지요.

중국은 천자, 황제를 내세웠고

일본은 천황天皇을 내세웠습니다.

이에 우리나라에서는 고종황제가 등극합니다.

중국과 어깨를 나란히 하고

일본과 맞서려는 의도가 있었겠지만

일본은 우리 조선의 황제를 무시했지요.

최초로 황제 나라를 선포하였으나 약했습니다.

'계단을 오르다'에서 '계단'과 '오르다'는

섬돌 층계를 하나하나 밟아 오르는

동작의 모습을 얘기할 수 있습니다.

조정의 뜨락을 가득 채운 관료滿朝百官들이

조정 모임朝會에 참석하기 위해

대전의 계단을 오르는 모습은

생각만 해도 꽤나 장관이었을 듯싶습니다.

그런데 '계단'을 관료의 조직 단계로 보고
'오르다'를 '승진'으로 놓고 보면
계단을 오르는 관료들의 모습이
얼마나 더욱 아름답게 보이겠습니까?
내 해석은 저우씽스의 생각과는 상관없이
진급한 관료들이 임면권자任免權者인
황제, 임금을 배알하러 오르는 모습입니다.
예나 이제나 승진은 좋은 것이고
조직사회에서 진급은 누구나 꿈꾸는 것인데
한 마디로 신나는 일 아니겠습니까?

0457 오를 승陞/升

陞

오를 승陞, 섬돌 계階, 대궐 섬돌 폐陛는
모두 좌부방阝 부수에 들어 있습니다.
움직씨 첫 글자 오를 승陞 자와 이름씨 끝 자 섬돌 폐陛 자는
모두 좌부방임과 동시에 흙 토土 자를 바닥에 깔고 있습니다.
황제, 임금陛으로부터 승진을 통보받고
아홉 돌계단을 오르는 신나는 시간입니다.

낮은 곳土으로부터 오른升 뒤
땅土의 세계에서 가장 높은 분陛을 찾아
황제, 임금을 같은 높이比에서 뵌다는 것은
관료로서는 영광일 수밖에 없겠지요.
오를 승陞 자의 승升이 되 승升 자입니다.
'한 홉' '두 홉' 하고 세어서 10홉升이 되면 이를 1되라 하며
1되는 1말斗의 1할割에 해당합니다.

1되의 1할인 '홉升'을 홉이라 한 것은
손으로 움켜 담은 한 줌을 뜻하기도 하지만

199

승陞·계階·폐陛

윗입(술)스과 아랫입(술)ㅁ을 닫았을 때
입술 밖으로 삐져나오지 않을 정도
곡물의 부피를 '홉'이라고 한 것입니다.
'홉'이라 발음할 때 두 입술이 모아지지요.
뽀뽀 합슴 자도 윗입스 아랫입ㅁ의 만남입니다.
엉뚱한 얘기였습니다만 열十 홉千들이가 꽉 찬 기쁨만큼이나
오름升이란 역시 기쁜 일입니다.

0458 섬돌 계階/阶

承降 계階남 納폐陛

앞서 설명이 끝났기에 여기서는 생략합니다.
다만 같은 섬돌의 뜻을 지녔으면서도
나무목변木을 쓰면 사다리의 뜻이지요.
梯사다리 제, 棚사다리 붕, 棧사다리 잔
栈사다리 잔, 栈사다리 잔, 橇사다리 비 따위가
섬돌 계階 자처럼 오르내림을 위해
반드시 필요한 도구며 계단의 의미입니다.

納

받을 납納, 바칠 납納으로도 새기며

거두어들이다, 수확하다, 받다, 받아들이다

거두어들여 간직하다, 헌납하다, 주다, 해어진 곳을 깁다

꿰매다, 떠들다, 고함치다, 접수하다, 납부하다, 누리다

즐기다, 신다, 혜택을 누리다, 머리를 숙이다, 낮추다

채용하다, 끌어들이다, 장가들다, 씨뿌리다, 파종하다

물이 배어 축축하게 되다, 눅눅하다

예비로 함께 끌고다니는 부마, 곁마 등입니다.

명주실, 명주옷은 비를 맞거나

물에 젖게 되면 오그라들어버립니다.

내가 이를 알게 된 것은 대가사 덕분입니다.

조계종 스님네 대가사는 피륙이 명주입니다.

언젠가 법당에 다녀오는 길에

느닷없이 쏟아지는 빗줄기를 피하지 못해

하고 있던 대가사를 흠뻑 적시고 말았지요.

웬걸, 요사로 돌아와 나름대로 펴려 했지만
이미 오그라든 가사는 펴지지 않았습니다.
나는 가사원으로 전화를 한 뒤에야 조계종 가사는
비를 맞으면 오그라드는 명주로 만든 것임을 알았고
보내라 해서 보냈더니 가사원에서는
친절하게 다려 주었습니다.

물론, 실사변糸이 다 명주는 아닙니다만
들일 납納 자 실사변糸의 사糸는 명주/비단을 의미합니다.
납폐納幣의 폐幣 자도 비단이지만
납폐의 납納 자도 명주明紬고, 비단입니다.
명주糸는 젖으면 '오그라든다內'는 데서
두 글자가 합하여 '받아들이다'
'집어넣다' '줄어들다'의 뜻이 된 것입니다.

0460 섬돌 폐陛

위에서 이미 충분히 설명되었기에 여기서는 생략합니다.

'관습慣習'은 익숙할 관慣에 익힐 습習입니다.
한 마디로 관습은 지식을 뛰어넘습니다.
언제부터인가 우리 사회에는
문법에는 맞지 않은 '먹거리'가 등장합니다.

얼마 전부터는 '유커遊客'도 떠돌아다닙니다.
'먹거리'는 문법상 도저히 있을 수 없지만
매스컴에서 시작하면서 마침내
국어사전에 족보를 올리고야 말았는데
유커란 말도 어쩌면 표준말이 될 것입니다.

유커란 중국 관광객을 일컫는 말로
우리 발음으로는 '유객遊客'이 맞습니다.
중국어로는 '여유커'라고 읽어야
13억이 넘는 중국인은 물론이려니와
한자 문화권에 있는 이들이 알아듣습니다.
'유커'는 우리말 '유'와 중국어 '커'를
한데 버무려 만들어 낸 비빔밥 문화입니다.

14살에 《천자문千字文》을 읽을 무렵이었습니다.
훈장님이 '구사九錫'를 말씀하셨지요.
"우리나라가 아니고, 옛날 중국에서는

황제의 총애를 받고 특별히 공로가 있는 신하에게는
황제의 은전恩典이 내려졌단다.
여기에는 9가지가 있었는데 기억해 두거라."

1)수레와 말車馬

2)겉옷衣服

3)악기樂器

4)붉은 색의 사립문朱戶

5)대궐 계단에 깔았던 비단納陛

6)황제의 의복 관리虎賁

7)활과 화살弓矢

8)도끼斧鉞

9)수수와 향초를 섞어 빚은 술鬱金酒

여기 5번째 납폐納陛가 나옵니다.
그런데 정작 내가 하고픈 말은 다른 것입니다.
나는 당시에 '구사九錫'로 익혔는데
지금 어디에도 '구사'는 찾을 수 없습니다.
어떤 책에도 '구석九錫'으로만 올라 있습니다.
이들 '구사'는 '아홉 가지 하사품'입니다.
쓰기는 분명 '주석 석錫'자인데
이 주석 석錫 자는 '다리 체錫'로도 새기고

'줄 사錫'로도 새깁니다.

'다리'란 옛날 여성들이 머리숱이 많아 보이려고
따서 덧넣었던 그런 '다리 리'를 가리킵니다.
그러니까 가발假髮에 해당하겠습니다.
'줄 사賜' 자가 따로 있는데
왜 '주석 석錫' 자를 '줄 사錫'로 새겼을까요?

그런 게 많이 있습니다.
하천 덮는 공사를 부개覆蓋라 하지 않고
복개覆蓋 공사로 읽고 발음한다든가
도량형度量衡을 '탁량형'이라 하지 않고
여전히 '도량형'으로 읽고 발음함입니다.
다른 건 모르겠으나 '구사九錫'는 되찾고 싶습니다.
'주석 석' 자 새김에서 '줄 사' 자 새김으로 말입니다.

<116>

승陞계階납納폐陛

변弁전轉의疑성星

0461 고깔 변 弁

0462 구를 전 轉转

0463 의심할 의 疑

0464 별 성 星

섬돌위로 폐하전에 오르는이들
관에박힌 구슬일랑 반짝이는별

弁

같은 새김의 '고깔'에

고깔 변覍/兇/珏/穎/卞/弁이 있고

같은 고깔 변弁 자가 들어간 다른 글자에

손뼉 칠 변拚, 폐백 상자 변笲, 옥 이름 변玣

나란히 할 변骿, 문기둥 소루 변開, 매 변鴘, 상자 변匾

변 변峁, 주두 변栟, 평평하게 할 변洴

풀 이름 변芔이 있습니다.

글자는 다르나 일부 같은 뜻을 지닌 자로서

분별할 변, 갖출 판, 두루 편, 깎아내릴 폄辡

두루 미칠 편辯, 말씀 변, 두루 미칠 편辯 등이 있습니다.

고깔, 말씀, 땅의 이름, 나라 이름

급하다, 서두르다, 빠르다, 떨다, 두려워하다

치다 따위로 새길 때는 '변'이라 발음하고

'즐거워하다'로 새길 때는 '반'으로 읽고

'구비하다'로 새길 때는 '판'이라 읽습니다.

스물입발廾이 부수이고

위에 얹은 고깔ㅅ은 모자 모양입니다.

스물입발艹은 손 맞잡을 공艹으로도 새깁니다.

따라서 이 글자는 회의문자에 해당합니다.

고깔모자는 오늘 날 용어이기는 하지만 예로부터

모자는 관冠이라 하여 그 사람의 신분을 나타냈고

요즘은 같은 모자에 상징물을 달리하면서

그의 지위를 나타내고 있습니다.

그러므로 고깔의 다른 이름은

벼슬이고, 감투고, 의자고

지위고, 자리로 보아도 무방할 것입니다.

0462 구를 전轉/转

구르다, 넘어지다, 회전하다, 선회하다, 맴돌다, 옮기다

바꾸다, 부리다, 조종하다, 깨닫다, 알다, 터득하다

다루다, 나부끼다, 오히려, 더욱더

한층 더 따위 뜻입니다.

형성문자로 보는 게 좋습니다.
뜻을 나타내는 수레 거車가 부수이고
오로지 전專 자가 소릿값입니다.
전專이 둥글다는 뜻을 갖고 있는데
이를테면 '둥글 단團'자가 그 예입니다.
따라서 거車와 전專이 합하여 구르다의 뜻을 지닙니다.
또한 수레의 상징은 굴러가는 바퀴입니다.

수레 거車로 읽을 때가 있고
수레 차車로 읽을 때가 있는데
둘의 차이는 아주 간단한 데 있습니다.
자전거 인력거를 비롯하여 양이 끄는 수레羊車
사슴이 끄는 수레鹿車, 소가 끄는 수레牛車처럼
끄는 힘이 원동기에 의존하지 않으면 거車입니다.
관습에 따라 예외가 있습니다.
마차馬車, 우마차牛馬車 등인데
오랫동안 그렇게 발음해 온 까닭이지요.

원동기로 움직이는 것은 다 차車입니다.
그런데 여기도 예외가 있습니다.
장기의 말에 포상마차包象馬車가 있는데
이때 차는 원동력으로 움직이는 게 아니지만

'차車'로 읽고 '차'로 발음합니다.
'차車' 한 글자를 놓고 '거'라고 읽지 않는
그동안의 관습 때문일 것입니다.
한 글자일 경우 모두 '차車'로 읽습니다.

0463 의심할 의疑

짝 필疋 부수에 형성문자입니다.
화살 시矢 자가 소리값을 담당합니다.
우리나라에서의 한자 발음은
화살 시矢는 'ㅣ'이고 의심 의疑은 'ㅢ'인데
중국어로는 시矢shi와 이疑yi의 모음이
다 같이 모음 'i'로 끝나고 있습니다.
따라서 시矢가 의疑의 소릿값이 됩니다.

소릿값 화살 시矢는 뜻에도 적용이 됩니다.
어른들의 생각과 잘 통하지 않는止 게
아이들子 생각이고 행동입니다.

그래서 아이들은 움직이는 빨간신호등입니다.
본디 신호등은 교차로의 자기 자리에서
위험을 알리는 역할로 서 있습니다.
이 신호등의 신호를 따라
차량과 사람이 움직이는 게 맞습니다.

그런데 아이들은 정지된 신호등이 아니라
움직이는 신호등 그것도 빨간신호등입니다.
항상 사고를 일으킬 가능성이 있습니다.
어린아이들이 칼ヒ이나 화살矢을 갖고 논다면
으레 위험하지 않겠는지요.
그래서 의심 의疑 자는 아이들에 대해서
한 번 더 주의를 갖고 살펴보라는 것입니다.

혹시 불장난하는 것은 아닐까
혼자 우물가로 걸어가지는 않을까
자동차 도로에 걸어나가는 것은 아닐까
가스 벨브를 만지작거리거나 동전을 삼키지는 않을까
의심 의疑 자에 활矢과 칼ヒ이 들어있음은
말이 잘 통하지 않는疋 아이들子에게는
늘 주의를 기울이라는 뜻입니다.

절에서는 공부할 때
세 가지 마음을 가지라고 주문합니다.
첫째는 확고한 신심信心입니다.
부처님과 조사들의 가르침은 확실하다는
완벽한 믿음이 없으면 중간에 물러납니다.
이 길은 견성성불見性成佛의 길입니다.
이 길로 가면 확실하게 깨달을 수 있다는
확고한 믿음만 있다면 그 공부는
이미 팔부능선을 오르고 있습니다.

둘째는 흐트러지지 않는 의심疑心입니다.
화두話頭를 들고 오나가나 앉으나 서나
자나 깨나 의심하라는 것입니다.

화두가 밑이 쑤욱 빠져버릴 때까지
전혀 놓지 말라 가르칩니다.
화두에 대한 의심 하나로 일여一如가 된다면
공부는 이미 90% 이상 이루어진 셈입니다.

셋째는 크나큰 분심大憤心입니다.
"부처님도 장부요, 나도 또한 장부라.
그런데 뭐가 모자라 부처님은 삼계의 대도사가 되셨는데
나는 아직도 중생을 벗어나지 못하는가?"

하는 크나큰 분심이 없고서는
깨달음은 쉽게 오지 않는다는 것이지요.

이들 세 가지 마음이 갖추어지면
그만큼 깨달음은 가깝고 윤회 굴레는 헐거워지고
중생 껍질은 더욱 얇아져 해탈 열반 세계가 멀지 않습니다.
이러한 불교 공부의 3대大 마음과 달리
세간적 입장에서의 풀이는 다릅니다.
의심 의疑 자에서 오른쪽 아들 자子 자는
아들 자子가 아니라 창 모矛 자로 보기도 합니다.
그러므로 의심 의疑 자 속에는 칼과 화살과 창까지
모두 들어있는 까닭에 조심止하고 또 조심足하고
경계하는 마음을 가지라는 것입니다.

0464 별 성星

도대체 별이란 과연 무엇입니까?
지극히 단순한 질문인데

질문도 쉽지 않고 답변도 쉽지 않습니다.
이는 마치 우리가 매일 함께 하면서도 마음이란 무엇인가
사람이란 무엇인가 그 사람의 삶이란 무엇인가처럼
지극히 단순한 질문이면서도
지극히 어려운 답변임과 같습니다.

별星은 스스로 빛日을 내고生 있습니다.
이런 별을 스타star라고 합니다.
별星은 이 별星 외에 많은 별이 있습니다.
어떤 별은 밭 갈피晶에서 반짝生이고
어떤 별壘은 수정晶에서 반짝生이며
어떤 별壘은 땅土에서 반짝晶이고
어떤 별星은 태양日에서 반짝生입니다.

스스로 빛을 내는 별을 스타라 하고
스타를 꿈꾸는 이들은 많습니다.
엔터테이너entertainer 세계에서
스타를 꿈꾸지 않는 사람은 아무도 없습니다.
연예인이 스타를 꿈꾸지 않는다던가
최고의 스타가 된 엔터테이너가
그들 팬의 바람을 무시한다면
그의 별은 마침내 빛을 잃고 말 것입니다.

장성將星의 세계도 마찬가지입니다.
'장성將星'이란 이름씨에 이미 별星이 있는데
별은 군인으로서는 최고 영예의 자리며
그만큼 책무가 무거워지는 자리며
나라와 국민의 안위를 걱정하는 자리입니다.
그렇다고 별을 포기할 수는 없습니다.
주어지지 않는 것은 어쩔 수 없으나
주어진 별을 굳이 마다할 것은 없습니다.
별을 생각지 않는 장성은 장성이 아닙니다.

별은 스스로 빛을 냅니다.
항상 항恒 자에 별 성星 자 항성입니다.
글자 그대로 언제나 붙박이별입니다.
끊임없이 이동하면서
붙박이별인 항성으로부터
빛을 받아 발하는 별, 행성行星이 아니고
언제나 스스로 빛을 발하는 별이 스타입니다.

붙박이별을 선sun이라 하고 스타Star라 하듯
떠돌이별인 행성은 플라넷planet입니다.
지구는 붙박이별이 아니고 떠돌이별입니다.
떠돌이별에게도 비서가 있습니다.

變化轉의 疑星星

이를 우리는 위성衛星satellite이라 합니다.
행성 주위를 끊임없이 순회하면서
행성과 고락을 함께하는 충복忠僕입니다.

이 밖에도 별은 많습니다.
28수宿로 표현되는 별들辰宿이 있고
살별이라 불리는 혜성彗星comet이 있고
흐르는 별, 낙하하는 별로 불리는
유성流星shooting star이 있습니다.
소위 별똥별이라고도 하지요.
아무튼 진짜 별은 태양sun이며
붙박이별인 항성fixed star입니다.

이 말이 의미하는 것은 깊이가 있습니다.
엔터테이너도 그렇지만 한 나라의 안위를 책임진 장성은
흔들림 없는 확고한 신념의 자리가 필요합니다.
장성의 별은 다는 것이 아니고 따는 것도 아니며
스스로 별이 되는 것입니다.
별이 된 장군이 되었을 때
그의 생각은 오로지 국민의 안위일 뿐입니다.

그리고 남의 빛을 받아 발하는

떠돌이별 행성이 아니고
위성은 더더욱 아닙니다.
혜성도 유성도 아닙니다.
스스로 빛을 발하는 태양이라는 별입니다.

섬돌 위를 올라 폐하를 알현하는 문무백관들
그들의 고깔, 그들 머리에 쓴 관冠에서
반짝이며 아름답게 빛나는 광채는
한 마디로 얘기하면 별Sun/Star입니다.
그들의 고깔 위의 빛나는 별은
벼슬을 받는 것으로 끝나는 게 아니라
그들 스스로 벼슬이 되고
언제나 밝게 빛나는 별이 되고
국민을 위해 비추는 밝은 별이 되는 것입니다.

변卞진轉의 疑성星

<117>

우右통通광廣내內
좌左달達승承명明

0465 **오를 우** 右

0466 **통할 통** 通

0467 **넓을 광** 廣

0468 **안 내** 內

우측으로 계속가면 광내전이요
좌측으로 가노라면 승명려인데

우리나라 지도를 놓고 보면
오른쪽 끝자락에 목포시가 들어오고
그 남쪽에 진도가 보입니다.
더 남쪽으로는 섬 하나 우뚝 서 있는데
절해의 고도 제주특별자치도 濟州特別自治道입니다.

왼쪽으로 가다가다 보면 속초가 있고
속초 남쪽 바닷가로 강릉 동해 삼척이 있고
울진 포항 울산광역시와 더 남쪽에
부산광역시가 자리잡고 있습니다.
왼쪽 남녘 끝자락에 위치한 부산광역시
더 남쪽으로는 뭐가 있나요.
일본이 한반도를 위해 경호警護를 서고 있습니다.

동해니 서해니 하는 이름이 붙기 전에
서울에서 내려다본 지도는 분명 왼쪽에는 부산시가 있고
오른쪽에는 광주광역시光州廣域市와 목포가 있습니다.
일반적으로 우리가 알고 있기로는 임진왜란 때
원균은 경상우수사였고 이순신은 전라좌수사였습니다.

요즘 행정구역으로 보면 경상 우수사는
서울에서 바라보았을 때 경상도 우측이었으니

부산 김해가 아니라 마산 진주였을 것이고

전라 좌수사는 서울에서 바라보아 전라 좌측 해군 부대였으니

진도 해남이 아니라 어쩌면 여수 통영이었겠지요.

정확한 지역은 역사에 나오겠지만

그냥 예를 들어 볼 뿐입니다.

지금은 우리가 지도를 읽을 때 제주도 남쪽에서

서울과 평양을 바라보고 지도를 읽어나가는 시스템이고

조선시대까지만 하더라도

김정호 선생이 대동여지도를 만들기 전

경상도가 왼쪽에 있었고

전라도는 오른쪽에 있다고 본 것입니다.

좌청룡左靑龍은 명당의 왼쪽이고

우백호右白虎는 명당의 오른쪽입니다.

황제나 임금이 머무는 왕궁이 산을 등지고

내를 앞에 두어 북쪽에 있다면

왕궁에서 남쪽으로 앞을 두고 볼 때

오른쪽으로 가면 서쪽이고 왼쪽으로 가면 동쪽입니다.

왼쪽 날개는 좌청룡이고 오른쪽 날개는 우백호입니다.

저우씽쓰 선생이 《천자문千字文》을 집필하면서

오른쪽으로 가면 꾸앙네이디앤廣內殿이고

왼쪽으로 가면 청밍리承明廬chengmingli라 한 것은

오른쪽은 씨안西安 서쪽이 되고 왼쪽은 씨안 동쪽입니다.

씨안의 황궁皇宮 서쪽에 꾸앙네이띠앤이 있고

씨안 황궁 동쪽에 청밍리가 있다는 것입니다.

해인사 고려대장경은 어디에 있습니까?

법신불인 비로자나불을 주불로 모신 큰법당 대적광전보다

높은 곳 대적광전 뒤편 북쪽에 팔만대장경각을 짓고

그 장경각에 고려대장경이 모셔져 있습니다.

우리는 쉽게 얘기합니다.

역시 해인사는 법보종찰法寶宗刹답다고

부처님보다 높은 곳에 대장경을 모셨으니

그런 얘기가 나올 만합니다.

불법승 삼보에 높낮이는 없습니다.

부처님이 첫째요

경전이 둘째며

스님은 셋째라고요.

그렇지 않습니다.

불법승 삼보는 높낮이가 없듯이

순서에도 번호가 정해져 있지 않습니다.

다시 말해 이들 세 가지 귀한 보석의 가치는
주반중중主伴重重의 세계입니다.

불佛은 법法으로 법은 승僧으로 돌고
승은 법으로 법은 불로 돌며
불은 또다시 승으로 법으로
불로 법으로 돌고 돌되
그 핵심은 생명이 지닌 고귀한 불성입니다.
아니, 모든 존재의 법성입니다.
어렵다고요. 마음입니다.
이 마음 하나를 사이에 두고 불법승은
주반중중으로 운동을 계속합니다.
여기에 결코 높낮이는 존재하지 않습니다.

우右통通광廣내內

마치 작은 원자原子atom 안에서
양성자와 중성자를 중심에 놓고
끊임없이 회전하는 전자의 운동법칙과 같습니다.
그러니 어느 것을 먼저라 하겠습니까?
나도 그렇지만 우리가 불교를 좋아하는 것은
바로 이 주반중중의 운동법칙 때문입니다.
우리가 불교를 높이 평가하는 것은
불교는 시간을 뛰어넘어 영원히 현재성이며

최첨단을 이끌어가는 주체인 까닭입니다.

해인사 팔만대장경각의 고려대장경은
해인사가 법보종찰이라서 법보를 높은 곳에 모셨다는
궁색한 이야기는 의미가 없습니다.
부처님의 가르침은 불보다 낮지도 않고
그렇다고 승보다 꼭 높은 것만도 아닙니다.
만약 높낮이만을 놓고 따진다고 한다면
불교경전은 장경각 밖으로 단 한 발짝도 나올 수 없습니다.

부처님보다 더 고귀한 부처님 말씀을
어떻게 감히 세간으로 끌어내려
장삼이사張三李四가 쉽게 읽을 수 있습니까?
그 고귀한 불경을 어떻게 화장실에 앉아
스마트폰을 통해 열람할 수 있겠습니까?
그 고귀한 부처님 경전을 어떻게 버스 안에서
지옥철 안에서 스마트폰을 열어 읽을 수 있겠습니까?

경이 높낮이가 없기 때문에
누구나 언제 어디서나 읽을 수 있고
욀 수 있고 생각할 수 있고 닦을 수 있습니다.
법당 안에서 장경각 안에서만 읽어야 할 고귀한 경전을

어디서든 읽을 수 있음은 경전은 마치
모든 생명과 무 생명 온갖 물질을 이루는 원자와 같습니다.
이 세상 어느 것도 다 원자로 되어 있습니다.

마찬가지로 이 세상 모두는 부처님의 가르침
경전으로 되어있습니다.
광본화엄경廣本華嚴經은 그 품품이
무궁무진하여 그야말로 한량이 없습니다.
미세먼지의 미세먼지의 미세먼지의 미세먼지를 곱한 수보다
많은 품으로 된 광본화엄경이 누리에 가득 차 있듯이
세상은 온통 부처님 가르침입니다.

아무튼 해인사 팔만대장경각은
대적광전 북쪽 뒤편 높은 데 모셔져 있고
그 말씀은 이 세상 중생들의 단말기
스마트폰을 통해 진리의 향기를 전합니다.
마음만 먹으면 언제 어디서나
부처님 말씀을 접할 수 있는 세상입니다.
희소가치가 떨어지기 때문에
불경을 너무 쉽게 생각하는 이들도 있지요.

꾸앙네이디앤廣內殿은 홀로이름씨固有名詞나

단순히 꾸앙네이는 두루이름씨普通名詞지요.
시안 황궁 건축물을 묘사하는 말입니다.
한漢의 시안에는 유명한 삼궁이 있었는데
이를 한삼궁漢三宮이라 일컬었습니다.
첫째가 창러꽁長樂宮changlegong이고
둘째가 웨이양꽁未央宮weiyanggong이며
셋째가 지엔짱꽁建章宮jianzhanggong입니다.

바로 이 지엔짱꽁 오른西쪽에 장서각藏書閣이 있는데
황실 도서관Library of imperial family으로
꾸앙네이디앤廣內殿guangneidian입니다.
한의 황실도 그러했듯이 양陽의 우띠武帝가
궐내에 도서관을 둠은 적어도 고전을 높이 평가하여
인문정치를 펴려 한 것이라 하겠습니다.

0465 오를 우右

右

도을 우佑 자와 같은 자로서 도움을 주는 손이란 뜻입니다.
식사할 때 밥 먹는口 손又을 통해
몸의 건강을 돕는다는 뜻이라 보겠습니다.
일반적으로 오른쪽, 오른손입니다.
좌익에 대한 우익이고, 서쪽, 높다. 귀하다, 숭상하다
강하다, 굽다, 권하다 따위입니다.

우문좌무右文左武라는 말이 있습니다.
꾸앙네이디안 황실 도서관이 오른쪽에 있고
여기에는 중국을 비롯한 세계 각국의
문물을 접할 수 있는 장서가 있었다고 함이
어떻습니까. 이제 이해가 되시겠는지요.
우문좌무를 놓고 보면 장차 다룰
좌달승명左達承明도 내다볼 듯싶습니다.

우右통通광廣내內

0466 통할 통 通

通

쉬엄쉬엄 갈 착辶 부수에

소릿값인 동甬이 합하여 이루어진 자입니다.

동甬은 관管의 뜻을 지니고 있는데

동甬이나 통桶이 붙는 글자는 속이 비었지요.

속이 빔은 꿰뚫다의 뜻이고

쉽게 빠져나가다의 뜻이라 하겠습니다.

또 동甬은 솟을 용甬으로도 새기는데

담장보다 솟아있으면 쉽게 통과하겠지요.

게다가 책받침이 바닥에 깔려 있으니

통할 통通 자에 담긴 뜻이 확 풀릴 것입니다.

여기에는 통하다, 내왕하다, 알다, 알리다

편지 따위를 세는 셈씨數詞로 쓰이며

'정을 통하다' 할 때도 쓰이는 말입니다.

227

우右통通광廣내內

0467 넓을 광廣/広/广

광広의 본자고 광广 자의 번체자입니다.

엄호广 안에 누를 황黃 자를 턱 놓았는데

'노란黃 햇살이 방안으로 퍼지다'에서

넓다, 넓게 퍼지다의 뜻으로 가져온 것입니다.

면적, 너비를 비롯하여 넓게 되다, 넓히다, 널쩍하다

비다, 공허하다, 빛나다, 넓이, 널리, 무덤, 직경

꾸앙시성廣西省의 약칭으로 쓰고 있습니다.

우右통通광廣내內

안, 속, 국내, 나라의 안, 대궐, 조정, 궁중 뱃속
부녀자, 아내, 몰래, 가만히, 비밀 중히 여기다
친하게 지내다, 들이다
받아들이다와 같이 쓰이고 있습니다.
토담집처럼 낮은 집에 허리를 굽히고
조심스레 들어감입니다.
민갓머리 ⌒의 조상이 멀 경 冂 자입니다.
멀경 冂 자가 문자 성립연대로 보면
덮을 멱 ⌒보다 오래되었습니다.
경 冂 자의 쓰임새가 많은데
번거로움이 있다면 문제가 크지 않겠는지요.
따라서 필요에 의해 멀 경 冂 자가
멱 ⌒ 자로 몸집을 짧고 작게 줄였습니다.

벗이여!
안으로 들라
자기 안으로 들어가라

자기 내면의 세계로 들어가라
그리하여 더는 들어갈 수 없는 곳
거기 그대 삶의 길이 있으리니

벗이여!
어서 오라 벗이여!
어떤 것에도 두려워하지 말고
그냥 밀고 들어오라

밥을 먹었는가
차를 마셨는가
이는 닦았는가

우右통通광廣내內

그렇다면 그대 벗이여!
모든 준비는 이미 완전하나니
어서 오라!
그대 나의 벗이여!

<118>

우右통通광廣내內
좌左달達승承명明

0469 왼 좌 左

0470 통달할 달 達

0471 이을 승 承

0472 밝을 명 明

우측으로 계속가면 광내전이요
좌측으로 가노라면 승명려인데

지구 무게는 얼마나 나갈까?

태양의 부피는 어느 정도나 될까?

내 몸무게가 65kg인데 어디서나 같은 무게일까?

내 몸의 부피는 지구 밖 어디서라도

일정한 부피를 지니고 있을까?

많은 사람들은 같은 질문을 할 것입니다.

지구 무게는 얼마쯤이나 나갈까요.

그런데 미리 얘기지만

지구를 무게로만 얘기할 수 없습니다.

지구 위에 사는 사람이나 또는 숱한 생명들이나 사물은

지구가 잡아당기는 힘이 있는 상태에서

무게를 얘기할 수 있습니다.

좌左말達승承명明

그런데 지구 문제는 다릅니다.

사람을 잡아당기는 지구 중력과 지구를 잡아당기는 태양과

다른 행성들간의 관계는 또 다른 문제입니다.

정지된 상태에서의 무게만이 무게일까요.

여기에는 반드시 속도가 비례합니다.

속도를 벗어난 무게를 무게라 할 수 있을까요.

초속 30km로 태양 주위를 돌고 있는

상상 초월의 지구 속도를 벗어나
내 몸의 몸무게가 진짜 내 몸무게일까?
아무리 고민하더라도 내 몸무게를 무게로 인정하는 것은
오로지 지구 위에 한해서일 뿐입니다.
1기압의 지구 대기권에서 1G의 중력을 표준으로 하는
지구 위에서 내 몸의 몸무게를 얘기하는 것입니다.

지구에서 65kg이던 내 몸은 1G, 1기압의 지구에서의 일일 뿐
지구 중력 6분의 1에 해당하는 지구 위성 달에 갔을 때
내 몸은 6분의 1로 줄어들 것입니다.
인력의 문제만이 아니라 기압도 작용하지요.
지구 기압 90배에 해당하는 금성金星에 갔을 때
지구에서의 몸무게에 90배에 달하는 엄청난 몸무게를
감당하지 못해 몸은 그대로 짜부라들고 말 것입니다.
이는 금성이라는 행성의 중력이 아니라
금성을 둘러싼 대기의 높은 기압 때문입니다.

그러므로 우리가 지구의 무게를 얘기할 경우에는
무게라 표현하지 않고 지구의 '질량質量'이라 얘기합니다.
그렇다면 지구의 질량은 얼마나 될까요?
미리 말씀드리면 5.9742×10^{24}승kg입니다.
책에서는 5.9742×10^{21}승ton입니다.

도량형度量衡 국제공인 기준은 톤이 아니고 kg이지요.
지구 질량은 5.9742×10^{24}승kg입니다.

무게나 부피는 국소적입니다.
어디에서 무게와 부피를 재느냐입니다.
지구 내에서도 지구 표피 지각에 한할 뿐
지각으로부터 땅속으로 50m를 내려갔을 때
500m, 또는 800m를 내려갔을 때
몸무게와 몸의 부피는 확연히 달라집니다.

해저海底도 예외는 아닙니다.
바닷물의 압력 때문인데
사람이 해저로 10m를 내려갈 때마다
느끼는 압력은 자기 몸무게가 계속 더해짐입니다.
해저 100m를 내려간다면
몸무게는 10배가 되지 않겠습니까?
바다 수면에서 65kg 몸무게가
100m 해저에서는 650kg이 되니
생각만 해도 그저 아찔해질 것입니다.

그런데 하물며 기압도 중력도 다른
지구 밖 우주의 다른 세계에서이겠습니까?

좌左달達승承명明

이는 지구의 질량을 계산하는 데도
참고해야 할 사항입니다.
시속 1667km 속도로 자전함과 동시에
시속 108,000km의 엄청난 속도로
태양 주위를 돌고 있는 지구 질량을 재려면
위치에너지와 운동에너지를 정확하게 계산해야 합니다.

원 둘레가 40,000km나 되는 지구의 거대한 덩치
5.9742×10^{24}승 kg의 어마어마한 무게
이토록 커다란 질량을 가진 지구가
시속 108,000km로 달린다면 그 속도에 맞춰
지구의 질량을 재는 것이 결코 쉬운 게 아닙니다.
게다가 지구의 질량을 재는 기구도
질량을 재는 이도 같이 움직이고 있는데
어떻게 간단히 잴 수 있겠습니까?

그야 지구의 밀도密度와 둘레와
지구의 크기를 따지는 반지름을 놓고
수학적으로 환산하면 답이야 간단하지요.
우리가 미나리 한 단을 사면서도
누가 옆에서 말을 시키거나 팔이라도 잡고 흔들면
반드시 하는 말이 있습니다.

"잠깐만, 나 요것 좀 재게 건드리지 마!"
"잠깐 잠깐! 잠깐만 기다려!" 라고 합니다.
우측으로 계속가면 꾸앙네이디엔이요
좌측으로 가노라면 청밍리인데 라고
《천자문千字文》에서는 얘기하고 있습니다만
가장 애매한 말이 왼쪽이고 오른쪽입니다.
왼쪽은 어디서나 왼쪽이 아니듯
오른쪽도 어디서나 오른쪽이 아닙니다.

'서쪽으로 가면 꾸앙네이디엔이요
동쪽으로 가노라면 청밍리인데' 라고 했으면
지구과학적이기나 할 것입니다.
방위 개념은 쉽게 바뀌지 않습니다.
지구상에서 국제적으로 공인된 기호로
동서남북 방위 개념은 정확하니까요.
어느 누가 처한 상황을 직접 보고
"으응, 거기서 왼쪽으로 꺾어 몇km 간 뒤
다시 오른쪽으로 봐, 한삼궁이 있을 거야!"

그리고 한삼궁 앞에 이르렀을 때
"어때, 거기 왼쪽으로 꾸앙네이디엔이 있지?
오른쪽으로 저세히 보면 건물이 있어

어, 붉은 벽돌로 잘 지은 건축물 말이야."

"음, 있어! 이게 그럼 청밍리야?"

"어, 거기 간판이 뭐라고 되어 있어?"

"음, 양쪽 글자는 잘 모르겠는데

가운데 글자는 밝을 명明 자가 확실해."

"어, 그래? 그럼 청밍리가 맞아, 됐네 OK?"

청밍리承明廬는 한자로

이을 승承에 밝을 명明 농막집 려廬입니다.

춘추전국시대 리우베이劉備Liubei가

주거량諸葛亮Zhugeliang의 농막을

세 번이나 찾았다 하여 삼고초려三顧草廬라고 했는데

청밍리는 움막이 아니라 거대한 빌딩입니다.

이 청밍리는 한자 속에 내포된 것처럼

밝음明을 잇承는 건물廬입니다.

용도는 황제 또는 임금이

문무文武 정치인들과 나라 다스림을 논하는

소중한 공간으로서 밤을 새우기도 했지요.

한 마디로 말하면 정치 연구실이며

한 녘에 숙소를 두어 연구인들이 쉬게 했습니다.

기숙사를 겸한 정치 연구실입니다.

237

지금도 일부 공공기관이나 사설기관 중에는
기숙사를 겸한 곳이 더러 있습니다.
청밍리는 한漢나라로부터 저우씽쓰가 살았던
리앙우띠梁武帝 시대에도 정치를 연구하고
역사와 문화를 연구하는 기숙사 겸 연구실이었습니다.

밝음明을 잇다承에서 밝음이 한낮일 수도 있을 것이고
나라 이름 명조明朝를 얘기할 수도 있지만
명나라는 1368년에 세워졌기에
시기적으로 850여 년 뒤라 맞지가 않습니다.
그렇다면 '밝음을 잇다'의 의미는
'낮에 이어 밤에도'를 뜻하기에 기숙입니다.

0469 왼 좌左/尢

오를 우右가 도움佑을 뜻하듯
왼 좌左도 역시 도움佐을 뜻합니다.
오른손이 일을 할 때 왼손이 돕습니다.

가령 벽에 못 하나를 박을 때도
왼손으로 못을 잡아주지도 않았는데
오른손에 든 망치로 내려치지는 않습니다.

또한 왼손은 '외다'라는 말이 의미하듯이
틀렸다 서투르다 따위를 뜻합니다.
오른손, 맞다, 익숙하다의 상대개념이지요.
나중에 도울 우佑에서 오른 우右가 독립하듯
도울 좌佐에서 왼 좌左가 독립하게 됩니다.
오른 우右 부수가 입 구口 자이듯이
왼 좌左의 부수는 장인 공工 자가 됩니다.

0470 통달할 달達

새끼 양이 수월하게 태어나듯
장애 없이 수월하게 감을 뜻하는 말입니다.
어린 양羍이 비록 태어난 지 얼마 안 되지만
천적을 만났을 때는 무척 빠릅니다.

생후 한두 시간만 지나면

시속 40km 이상을 달릴 수 있으므로

이 뜻을 가져와 통달할 달達로 새깁니다.

다른 글자로는 통달할 달达 외에

통달할 달达 통달할 달达 등이 있습니다.

이 가운데 달達 자는 행복을 신고 달립니다.

번체자 달達도 자세히 들여다보면

큰一 행복幸을 신고辶 달리고 있습니다.

0471 이을 승承

부수는 손 수手 자입니다.

여기에 소릿값으로 도울 승丞을 썼습니다.

잇다, 승계하다, 받들다, 받아들이다, 장가들다, 받다

도움, 후계, 후사, 차례, 순서 따위와

절구節句에서 둘째 구의 이름입니다.

예를 들면 기승전결起承轉結의 승承입니다.

구원할 증承으로도 새기는데 이때는 구원하다, 건지다
빠진 것을 구출하다, 물품을 보내다 등으로
쓸 때에 해당합니다.

0472 밝을 명明

明

밝다, 밝히다, 날새다, 나타나다, 똑똑하다
명료하게 드러나다, 깨끗하다, 결백하다, 희다, 하얗다
질서가 서다, 갖추어지다, 높이다, 존중하다, 맹세하다
밝게, 환하게, 확실하게 등의 뜻이 있습니다.
또 이름씨로는 이승, 현세, 낮, 주간, 나라 이름, 왕조 이름
빛, 광채, 밝은 곳, 양지, 밝고 환한 모양, 왕성한 모양
밝음, 새벽, 해와 달과 별, 신령, 시력, 밖, 겉, 지혜
진언의 딴 이름, 사물의 이치, 내일 등입니다.

살펴보면 이 밝을 명明 자 외에
밝을 명眀 자가 있고, 밝을 명朙 자가 있습니다.
같은 뜻을 가진 유의자로는 아래와 같습니다.

밝을 금昑, 밝을 돈旽, 밝을 방昉, 밝을 오旿, 밝을 소昭
밝을 앙昻, 밝을 성晟, 밝을 준晙, 밝을 호晧, 밝을 석晳
밝을 탁晫, 밝을 장暲, 밝을 요曜, 밝을 료瞭
따위가 있습니다.

부수가 모두 날 일日 자며
눈 목目 자를 붙인 글자도 간혹 있습니다.
날 일日 자가 부수임은 간단합니다.
세상에서 가장 밝은 게 태양이란 뜻입니다.
밝음을 이어가는 승명承明도 좋지만
어둠을 이어가는 새아침도 나름대로 좋습니다.

<119>

기旣집集분墳전典
역亦취聚군群영英

0473 **이미 기** 旣

0474 **모을 집** 集

0475 **무덤 분** 墳

0476 **경전 전** 典

삼분오전 고서들을 이미모았고
전역에서 영웅들이 또한모이네

旣

쌀 희旣 자로도 새깁니다.

이미, 벌써, 이전에, 원래, 치음부터, 끝내다

그러는 동안에, 이윽고, 다하다, 끝나다, 다 없어지다

다 없애다 따위 뜻이 있고

'희'로 발음할 경우 쌀, 녹미祿米가 있습니다.

녹미란 옛날 월급으로 받은 쌀입니다.

형성문자로 이미 기旣 자의 본자입니다.

부수는 이미기방旡이며

고소하다는 뜻의 핍皀 자와 합해졌는데

고소함은 맛있다 잘 먹었다 배불리 먹었다의 뜻입니다.

곧 실컷 먹었다는 말 속에는 완료의 뜻이 있으며

끝났음을 뜻하는 '이미'가 들어 있습니다.

글자의 오른쪽 이미기방旡이 소릿값입니다.

이미기방 부수인 이미 기旡 자는

없을 무无 자와는 약간 다릅니다.

얼핏 보면 어슷비슷해 보이는 두 글자입니다만
이미기旡 자에는 있는 점ヽ이 없을 무无 자에는 없습니다.
그럼에도 불구하고 두 글자는 보통 같이 쓰입니다.

'이미'라는 단어는 '지나감'입니다.
'현재' '지금'이라는 시제가 아니라면
'이미' '벌써'는 흘러간 과거가 되어버렸고
'아직'은 다가오지 않은 미래입니다.
'이미' 지나간 과거는 변화ヒ를 거칩니다.
풍화작용으로 하얗白게 빛이 바랜 것입니다.
풍화작용의 가장 근원적인 동기는
열원熱原인 태양日입니다.

따라서 이미 기旣 자에 태양日이 있고, 빛바램白이 있고
변화ヒ가 있고, 없음无으로 돌아간다고 하는 것은
한자漢字 한 자 한 자가 곧 그래피입니다.
역사 그래피graph of history입니다.
삶의 역사의 그래프며,
생명 역사의 그래프며
자연과 우주의 그래프며
무질서 증가의 법칙이 담긴 그래프입니다.

0474 모을 집集

다른 글자로는 모을 집雦 자가 있고

또 다른 모을 집纇 자가 있습니다

어렸을 때 나는 집에서 닭을 길렀습니다.

전문적인 양계농장이 아니고

이른 새벽부터 수탉 우는 소리가 좋았고

특히 모이를 먹을 때면 어미 닭이 병아리들을 불러모아

모이 먹는 법을 가르치는 게 좋았습니다.

수탉이 홰를 치는 소리는 장관이었지만

나는 무엇보다 암탉이 병아리를 부를 때

부르는 다정스러운 소리가 참으로 좋았습니다.

모이를 주기 위해 그릇을 들고 나가면

구태여 '구구~구 ~구' 소리를 내지 않더라도

어미 닭이 병아리를 데리고 뜨락 아래로 모여듭니다.

옥수수 알갱이나 콩은 굵기나 하지

아직 방앗간에 한 번도 다녀온 적이 없는

조粟를 주면 그 자잘한 조 알갱이들을
용케도 주워 먹는 거였습니다.
흙마당에 그냥 흩뿌려놓더라도
닭들은 하나 놓치지 않고 다 쪼아 먹습니다.
참으로 신기했습니다.

병아리든 어미 닭이든 새 종류는
시력이 좋다는 것은 익히 알고 있었지만
그토록 어린 병아리들이 모이 주워 먹는 것을 보면
이건 완전히 신비 그 자체입니다.
좁쌀만큼 작은 개미가 위협을 느끼면
삼십육계 줄행랑을 놓는데
그들에게도 분명 불성이 있지 않을까요?

하물며 좁쌀 개미의 수천 배는 되고도 남을
참새만큼 작은 병아리가 그 자잘한 조 알갱이를
하나도 남기지 않고 주워 먹는 것을 두고
어떻게 불성을 얘기하지 않을 수 있겠습니까?
'구자무불성狗子無佛性'이 아니라
'추자무불성雛子無佛性' 화두를 들까 봅니다.
'의자무불성蟻子無佛性' 화두는 어떨까요?
(개 구狗, 병아리 추雛, 개미 의蟻)

개狗子에게 불성이 있느냐 없느냐?

병아리雛子에게 불성이 있느냐 없느냐?

개미蟻子에게 불성이 있느냐 없느냐?

학인이라면 스스로 화두를 만들 필요가 있을 듯싶은데

이 말은 일상생활 속에서 신비를 느낄 때

공부는 그만큼 진척된다 할 것입니다.

모을 집集 자는 새 추隹가 부수며

새가 모이는 곳이 나무이기에

나무 목木 자를 회의문자 파트너partner로 가져왔지요.

보통 새 추隹 자는 새 조鳥 자에 비해

꼬리가 짧은 새를 가리키는 게 정설입니다.

새 조鳥 자는 까마귀 오烏 자와 더불어 불화발灬이 있는데

이들 불화발灬은 새에게 있어서는 불난 게 아니고

새의 꼬리를 이미지화한 것입니다.

모을 집集 자에 담긴 의미는 남움직씨 모으다

제움직씨 모이다, 편안히 하다, 이르다

어떤 장소나 시간에 닿다, 도달하다

가지런하다, 이루다 따위 뜻입니다.

여기 《천자문千字文》에서는 논문을 비롯하여 시가詩歌

소설, 수필, 평론 등 다양한 장르이겠지요.
싼후앙우띠三皇五帝에 관한 기록이
신화로 역사로 정리되어 모였을 것입니다.
특히 싼후앙에 관한 기록물을 분墳이라 하고
우띠에 관한 기록물을 전典이라 합니다.
우리는 우리의 신화를 미신으로 치부하는데
중국에서는 싼황을 비롯한 중국 신화를
더욱 소중하게 다루고 있습니다.

0475 무덤 분墳

墳

봉분封墳 있는 무덤이 분墳입니다.
이에 비해 봉분 없는 무덤은 묘墓고요.
그러므로 이 분墳 자에 담긴 뜻은
무덤, 봉분 외에 나누다, 크다, 비옥하다
기름지다, 부풀어 오르다 등이 있고
높은 길을 내려고 쌓은 언덕을 말하고
말뚝으로 만든 우리나 울타리를 지칭합니다.

높은 언덕을 둑이라 하고 울타리를 책柵이라 합니다.

뜻을 나타내는 흙 토土를 부수로 삼고
음을 나타내는 동시에 부풀어 오른다는 뜻으로서의
분賁이 소릿값으로 제 역할을 다하고 있습니다.
흙을 높이 쌓은 무덤이지요.
따라서 우리나라 산소는 대부분 분墳이고
개별적으로 묘墓는 흔하지 않습니다.

클 분賁 자는 꾸밀 비賁, 땅이름 육賁으로
새기기도 합니다.
옛날에는 무덤을 만들고 죽은 이를 보낼 때
돈을 함께 넣어 보내드렸습니다.
소위 저승 가는 노잣路資돈이었지요.
따라서 무덤에 패물을 함께 넣었습니다.

이는 불보살상을 조성한 뒤
텅 빈 불보살상 몸에 오색실, 오곡, 오색천
다섯 가지 보석, 다섯 가지 화폐 등을 넣는
이른바 복장의식으로 이어졌습니다.
이 또한 물질로 이루어진 불보살상에게서
살아계신 불보살님을 이어 생각하는 물질과

기旣집集분문增집集典

산 사람의 동일성을 추구했던 종교 철학이
담겨있었다 보는 것입니다.

클 분賁
돈을 상징하는 조개 패貝에
풀 훼卉 자를 올려놓은 것은
떼를 입혀 빗물에 흘러내리지 않게 하라는
그런 의미로 풀 훼卉/艸를 붙인 것입니다.

다시 무덤 분墳 자에 대한 얘기입니다.
요즘은 장례법이 현실화되어
공원묘원에서는 봉분을 높이지 않습니다.
서양에서의 묘원은 공원화되어
혐오시설이 아니라 휴식의 공간입니다.
특히 서울시 망우동의 공원묘원은
참배객은 물론 휴식을 즐기려는 사람들로
많은 이들이 찾는 명소가 되었습니다.

심지어 공원묘원 내에 카페가 있고
고급 레스토랑이 자리하고
스포츠 레저시설까지 갖추어진 데다가
올레길 같은 산책로가 잘 만들어져 있습니다.

은연 중 삶과 죽음이 다른 세계가 아닌
같은 공간에서 어우러진다는
매우 철학적인 의미까지 담고 있습니다.

무덤 분墳 자의 다른 글자로는 무덤 분坟 외에
무덤 분坎, 매화 매坟 자로도 새깁니다.
무덤 분隫 자가 있고
비슷한 글자로 분할 분憤 자가 있습니다.
같은 뜻을 가진 다른 글자로는 무덤 영塋이 있고
무덤 총塚 자와 무덤 묘墓 자가 있습니다.

0476 경전 전典

아래 받침 여덟 팔八 자가 부수입니다.
팔八 자 받침은 다리에 해당하고
다리 위에 제사상一을 올려놓았습니다.
제사상 위에는 무엇이 있습니까?
그렇습니다. 서책書冊입니다.

요즘 서책과 달리 옛날 책은
갑골문이나 금석문자로 남겼습니다.

금석문자 갑골문자는 서책의 재료입니다.
예서나 초서 전서 행서 따위처럼
서체의 구분을 따르는 게 아니었지요.
주변에서 쉽게 구할 수 있는
죽간竹簡을 이용하여 죽간에 글자를 쓰고
새기는 것으로 책冊을 만들었습니다.
이미 두루 알다시피 책 책冊 자는
두루마리 책을 이미지화한 상형문자입니다.

여기 《천자문千字文》에서의 경전 전典은
우띠五帝에 관한 기록물입니다.
싼후앙三皇은 크게 두 가지 설이 있습니다.
이들에 관한 기록을 삼분三墳이라 합니다.

1. 푸씨시伏羲氏Fuxishi

2. 쎈농시神农氏Shennongshi

3. 뉘와시女媧氏Nuwashi

1. 티엔후앙시天皇氏Tianhuangshi

2. 띠후앙시地皇氏Dihuangshi

3. 렌후앙시人皇氏Renhuangshi가 있지요.

우띠五帝에 관한 기록물을

오전五典이라 이름하고 있습니다.

1. 후앙띠皇帝Huangdi설과

2. 쭈안쒸顓頊Zhuanxu

3. 띠쿠帝嚳Diku

4. 띠야오帝堯Diyao

5. 띠쑨帝舜Dishun

위에서도 언급했습니다만 신화는 역사가 아닙니다.

그렇다고 가치가 없는 게 아닙니다.

성서와 마찬가지로 중국은 신화를 중시합니다.

그런데 우리는 단군의 건국신화를

미신으로 치부해버리고 돌아보지 않습니다.

옛날 리앙우띠梁武帝 시대에도

삼분오전을 중시한 중국을

강 건너 불구경으로 감상하고 말까요.

나를 알아야 하는 것도 중요하지만

내 민족의 정체성을 제대로 짚어내는 것도

기旣집集부모填집集典

이 나라 이 민족의 한 사람으로

매우 중요하다고 보는데~

글쎄요. 호랑이는 죽어서 가죽을 남기고

사람은 죽어서 이름을 남긴다고 하지 않았습니까?

어떤 이름을 남길지 고민 좀 해보자구요.

<120>

기旣집集분墳전典
역亦취聚군群영英

0477 **또 역** 亦

0478 **모을 취** 聚

0479 **무리 군** 群

0480 **꽃부리 영** 英

삼분오전 고서들을 이미모았고
전역에서 영웅들이 또한모이네

0477 또 역亦

亦

겨드랑이 액腋 자의 본자입니다.

또 역亦, 겨드랑이를 뜻할 때는 '액'으로 발음합니다.

또, 또한, 만약, 가령, 단지, 다만~뿐, 이미, 모두

쉽다, 크다, 다스리다, ~역시 등입니다.

겨드랑이 액腋 자의 본자가 또 역亦 자라고 하면

이 역亦에서 액腋 자가 독립한 것입니다.

돼지해머리亠는 그대로 사람 머리이고

아래 가운데 여덟 팔八 자는 두 다리며

그리고 아래 가장자리 여덟 팔八 자가 팔입니다.

돼지해머리해두亠에서 양쪽으로 덧나간 것이 두 팔이고

아래 가장자리 팔八 자는 여덟 팔八 자가 아닌

단지 삐침丿과 파임丶으로서

팔 아래 겨드랑이를 그린 것이라 봅니다.

글씨는 그림에서 나왔고 그림은 형상에서 나왔습니다.

형상이 없는 것은 생각에서 나왔습니다.

이른바 인상印象이고 추상입니다.
그러기에 글씨는 문명의 터미널입니다.
터미널이란 '종착'과 더불어 '다시 출발'이지요.
따라서 문자는 문명의 종착점이면서
새로운 문명의 세계로 번져나가는
태동胎動의 시작 지점입니다.

서울 성북구 하월곡동에 있는 더텍사스프로젝트에서
여덟 번째 개인전을 갖는 엄순미 선생의
〈정구업진언〉에서 나는 보았습니다.
초기 문명의 세계로 되돌아가려는
화가의 복고본능歸巢本能이 느껴졌습니다.

더 텍사스프로젝트라는 허름한 공간
허물어져가는 갤러리 건물에서
열역학 제2의 법칙이 눈앞에 펼쳐졌습니다.
엔트로피 증대의 법칙이라 명명하는데
이를 다른 말로 하면 변화의 법칙입니다.
부처님은 삼법인三法印의 하나로
제행무상諸行無常의 법칙을 드셨는데
열역학 제2의 법칙의 근원이며 바탕이지요.

무엇인가가 허물어져간다는 것은
무질서의 도度Degree가 점차 증가하면서
허물어지기 이전 형성되었던
아니, 그 형성되기 이전
그 어떤 물체의 분자分子로 돌아감입니다.
더텍사스프로젝트라는 건물의
생성 이전의 세계로 돌아가려는 몸짓이
자연의 세계에서는 진행되고 있었습니다.
그 진행과정이 엔트로피 증가의 법칙이지요.

그런데 엄순미 선생의 작품은
엔트로피 증가의 법칙을 강하게 거부하려는
아픈 몸짓을 하고 있었습니다.
세상이 온통 원질의 세계로 되돌아간다 해도
끝까지 현실을 떠나지 않으려 몸부림치는
가냘픈 슬픔의 몸짓이었습니다.

작품에 나타난 창백한 얼굴
빨갛게 치장한 여인의 립스틱은
복고진리 거부의 아픈 몸짓이었습니다.
허물어져가는 자신을 주체하지 못해
마침내 땅바닥에 철푸덕 주저앉았습니다.

亦取聚군群역英

불교신자도 아닌 화가의 전시 타이틀은

오히려 〈정구업진언〉이었습니다.

불교의 수행 법칙에 3가지가 있습니다.

첫째가 구업口業을 맑히는 것이고

둘째가 신업身業을 맑히는 것이며

셋째가 의업意業을 맑히는 것인데

화가의 전시 타이틀이 〈정구업진언〉입니다.

엄순미 선생의 작품전에서

또 하나 거부할 수 없는 문명의 복고復古는

전깃불 하나 들어오지 않는 갤러리였습니다.

지금이 어떤 세상입니까?

21세기 최첨단 과학의 시대입니다.

마이크로의 시대가 아니라

첨단 나노과학이 미친 듯 날뛰는 시대입니다.

저 제3세계 아프리카 오지도 아니고

한국의 시골 중 깡시골도 아니고

1천만이 넘는 시민이 살아가는 서울입니다.

그렇다고 서울 변두리도 아닙니다.

하월곡동이라는 서울특별시 중심부

전깃불이 전혀 들어오지 않는 갤러리입니다.

이게 과연 무엇을 의미하는 것일까요.

나는 분명하게 읽을 수 있습니다.
화가의 작품은 설령 읽어내지 못하더라도
작품이 숨을 쉬는 시공간이
사정없이 무너져내림을 읽습니다.
작품을 통한 화가의 아픈 몸짓에도 불구하고
자연은 제행무상의 법칙을 따릅니다.
엔트로피 증가의 법칙을 거스르지 않습니다.

나는 또 역亦 자라는 하나의 글자 속에서
'또'라는 언어를 통해 느낀 것은
인간이 추구하는 바가 다름 아닌
법고法古와 창신創新 2가지라는 것입니다.

역亦 취聚군群영英

사물에서 그림이 나왔고 그림에서 글씨가 나왔는데
이 글씨에서 다시 그림으로 돌아가려는 세계
글씨는 '읽기'에서 문화를 고집하지만
그림은 '읽기'에서 문화를 뛰어넘습니다.
'개'와 '견犬'과 '독dog'을 놓고
세계가 공통적으로 읽어낼 수는 없지만
그림으로 그린 개는 누구나 읽을 수 있는

그러한 세계 공통의 기호가 되지 않겠는지요.

다시 그림 세계로 되돌아가려는 엄순미 화가의 작품과 함께
작품들에게 숨쉴 수 있게 열어 준 공간이
설사 하늘 땅이 열리기 전까지는 아니더라도
전깃불마저 거부해버린 어둠 속에서
하얗게 빨갛게 그리고 시커멓게 반짝(?)이는
화가의 생각이 담긴 작품들
거기에서 '또'를 생각하기에 충분했습니다.

0478 모을 취聚

역亦취聚군群영英

부수가 귀이변耳이지요.
또 우又 자와 함께 취할 취取 자가 생겼는데
이 취取 자가 소릿값에 해당합니다.
취한다는 것은 귀耳로 듣는 것이고
오른손又으로 움켜잡음取입니다.
여기에 세 사람似을 뜻하는 무리 중似 자가

아래에 떡하니 붙어 있습니다.

한 사람은 사람人입니다.
두 사람은 함께씨입니다.
세 사람은 무리似입니다.
그리고 총체는 인人이고 간間입니다.

무리 중衆 자에서 피 혈血 자를 생략한 글자가
지금 중국어에서 쓰는 간체자 중仸입니다.
무리仸란 '많은 사람'의 대이름씨代名詞지요.
불교경전 한역본漢譯本은
구역舊譯과 신역新譯이 있습니다.
구역은 역장 쿠마라지바가 중심인데
4세기를 살다 간 쿠마라지바는
뭇 생명을 중생衆生이라 번역하였습니다.

뭇 인연衆으로 살아가기生에 중생이고
뜨거운 피血를 지닌 세 사람似이 중衆이었지요.
이런 의미에서 무리衆를 얘기할 때도
최소한 세 사람이면 중衆이고
세 사람을 넘어서면 대중大衆이 된 것입니다.
여기 《천자문千字文》에서 저우씽스가

전역에서 군영群英이 모였다고 했는데

그 숫자는 일단 서너 사람을 훌쩍 넘어서서

네댓 사람, 대여섯 사람, 예닐곱 사람

일고여덟 사람을 넘어서는 많은 사람입니다.

모을 취聚 자에 그 뜻이 담겨 있습니다.

모을 취聚 자에 담긴 뜻은 모으다, 모이다를 비롯하여

거두어들이다, 갖추어지다, 쌓다, 저축하다, 함께하다

마을, 동네, 모여서 뭉친 한 동아리, 무리, 함께

다같이, 줌, 한 주먹으로 쥘 만한 분량 따위입니다.

모일 취聚 자에서 귀耳의 기능은

받아들이는 기능뿐이라는 데 있습니다.

우리 속담에 "한 귀로 듣고 한 귀로 흘린다" 고 하지만

실제 귀의 기능은 단순합니다.

남움직씨 들음과 제움직씨 들림일 뿐

들음은 있되 흘림의 기능은 따로 없습니다.

이는 눈眼目의 기능과 같습니다.

입은 먹고 마시고 토하고 뱉는 기능이 있고

코는 들이마시고 내쉬는 기능이 있지만

눈과 귀는 받아들이기는 하면서도

실제로 내놓는 기능은 없습니다.
그래도 눈은 마음을 보여주기라도 하지만
귀는 그마저도 없는 취取의 기능뿐입니다
따라서 취할 취取 자와 모을 취聚 자는
모으기는 하면서 베풀지는 않습니다.
참 인색한 기관器官이지요.

0479 무리 군群

'양치기'에서 보면 양들은 무리 짓기를 좋아합니다.
어찌 양들뿐이겠습니까?
육식동물과 달리 이는 초식동물의 본능입니다.
육식동물은 비록 적(작)은 먹이라 하더라도
분배의 법칙에서 숫자가 적어야 하고
그래야 돌아오는 몫이 늘어나기에
먹이 하나를 놓고 으르렁댑니다.

'개가 풀 뜯어먹는 소리 한다'는 속담이 있듯

개는 육식동물인 늑대가 원조입니다.

나중에 인간에게 길들여지면서

죽도 밥도 다 먹지만 본디 육식동물이지요.

먹이 놓고 싸우는 데서 확인이 가능합니다.

그러므로 지구에서 인간이 사라진다면

가장 먼저 인간을 배신할 가축이 개입니다.

하긴 배신할 인간이 사라진 뒤니

구태여 배신을 논할 수도 없겠습니다그려.

소, 염소, 산양, 노루, 말, 얼룩말, 사슴, 버팔로 등

모든 초식동물들은 무리짓기를 좋아합니다.

그렇지 않고서는 육식동물로부터

자신을 지켜내기 어렵다는 것을 알고 있습니다.

이미 DNA라는 유전자에

삶의 본능 정보가 다 담겨 있습니다.

무리 군群 자에는 무리 군羣과 함께 무리 군駾도 있습니다.

양들끼리만 무리를 짓는 게 아니라

때로 천적인 육식동물 앞에서는

말馬과 소牛가 뭉치기도 한다는 것입니다.

이 군群에 대해서 가장 잘 표현된 것이

수학 용어로서의 군群입니다.

亦취聚군群영其

머리가 지끈거릴 것이므로 생략합니다만
인간이 살아가는 삶의 세계에 있어서는
모든 학문은 서로 연결되어 있습니다.

수학과 물리학, 물리학과 과학, 과학과 경제학
경제학과 역학力學Mechanic, 역학과 불교학
불교학과 철학, 철학과 문학 기타 등등이 이어져 있습니다.

무리 군群 자는 양 양羊이 부수입니다.
거기에 '자네 군君'자가 소릿값입니다.
'자네 군君'은 '그대 군君' '임금 군君'으로도 새깁니다.
자네든 그대든 임금이든 중요한 건 미쁨尹이라는 것입니다.
미쁨은 믿음직하게 여기는 마음입니다.
하여 사람이 쓰는 언어口는 필히 미쁨尹이어야 하고
그 미쁨에 견줄 동물이 바로 양羊입니다.

0480 꽃부리 영英

꽃부리 영英이라 하면 꽃 뿌리 영英으로 알고 있습니다만
영英 자가 뜻하는 것은 꽃의 부리, 꽃부리입니다.
이는 띄어쓰기 있는 꽃 뿌리가 아니라
반드시 붙여쓰기 꽃부리입니다.
꽃부리는 꽃의 꽃잎 전체입니다.
꽃받침과 함께 꽃술을 보호함까지입니다.

풀잎⁺⁺에는 꽃이 있습니다.
나무에도 꽃이 있습니다.
그러나 '풀꽃'이란 말은 써도
'나무꽃'이란 말은 잘 쓰지 않습니다.
꽃 화花 자든 또는 옛 글자 꽃 화華 자든
꽃을 표기할 때는 거기에 초두⁺⁺가 들어가지
나무 목변木이 들어가지는 않습니다.
꽃부리 영英 자를 보면 꽃이란 풀⁺⁺의 중심央입니다.

이 세상 모든 생명은 세포의 집합입니다.

역亦치聚군群영英

동물이든 식물이든 균菌이든
모든 생명은 세포로 되어 있습니다.
그 세포 한복판에 디엔에이DNA가 있습니다.
이른바 세포핵이며 유전자입니다.
세포에서는 세포핵이 중심이듯
풀잎++에서는 꽃부리英가 중심央입니다.

여기《천자문千字文》에서 꽃부리 영英은
영웅을 뜻하고 영재를 뜻하는 말입니다.
학문의 체계를 세우고 나라의 정치와 경제
문화, 복지, 역사, 인문, 철학, 사상, 고고학, 과학
물리, 예술, 문화, 종교에 이르기까지
연구라는 프로젝트 project를 통해서
하나하나 발전하고 이루어가는 것입니다.

나는 감히 얘기합니다.
프로젝트는 바로 역사의 시작입니다.

269

<121>

두杜고稿종鍾예隸
칠漆서書벽壁경經

0481 **막을 두杜**

0482 **볏짚 고稿**

0483 **쇠북 종鍾**

0484 **글씨 예隸**

두백도와 종원상의 초서와예서
과두문자 칠서에다 벽속의고문

杜

부수는 나무목木이고 흙 토土 자가 소릿값입니다.

뜻은 막다, 밀봉하다, 닫다 따위로 쓰입니다.

또는 '팥배나무'로 새기기도 하는데

감당甘棠나무와 같은 말이지요.

같은 뜻을 지닌 한자로는 막을 옹壅 자를 비롯하여

막을 거拒, 칠 지抵, 막을 저沮, 막을 방防

막을 장障, 금할 금禁, 막을 어禦, 막을 고錮

거리낄 애, 푸른 돌 의碔, 한가할 어閼 등이 있습니다.

0482 볏짚 고稿

稿

벼화禾 부수에 높을 고高 자가 소릿값입니다.

볏짚槀, 원고原稿, 초안草案, 초고草稿, 마르다槁槀

여위다, 크게高 자란 벼禾의 줄기를 고稿라 합니다.

같은 뜻 다른 글자로는 짚 고藳 자를 비롯하여

집 고㮺, 볏짚 고薧, 볏짚 고稁, 볏짚 고稾 자가 있습니다.

0483 쇠북 종鐘

鐘

쇠북金鼓, 종鐘/鍾, 시계錶의 뜻을 지닙니다.

쇠금변金 부수에 아희 동童 자가 소릿값입니다.

쇠금변에 무거울 중重 자를 쓰기도 합니다.

간체자로는 '쇠북 종钟'으로 씁니다.

본디 타악기의 하나지요.

범종梵鐘이나 법당 종은 종 밖에서 칩니다.
이때 나는 소리는 땡그랑 땡그랑이 아니고
뚜우웅童이거나 쭈우웅重입니다.
이 소리로 인해 생긴 의성어 이름씨가
이른바 쇠북 종鐘이고 또한 쇠북 종鍾입니다.

어린이童는 자연스럽습니다.
동네里 어디를 가더라도 앉아 있기보다
서서쇼 뛰어다닙니다.
어린이는 동동童童거리면서 뛰어다닙니다.
즈믄千 마을里 어디를 가더라도
남자 어린이는 병정金 놀이를 좋아합니다.

종鐘에는 두 가지 종류가 있는데
밖에서 마치를 쳐서 소리를 내는 것을
 일반적으로 종, 범종이라 하고
 안에 추를 달아 흔들어 소리를 내는 것을
 탁鐸, 또는 금탁金鐸, 풍경風磬이라 일컫습니다.
 범종은 손에 들고 흔들 수 없습니다.
 탁이나 금탁은 요령鐃鈴이라고도 하는데
 가벼운 까닭에 한 손으로 들고 흔들 수 있습니다.

隸

종 례隸, 미칠 이隸, 미칠 대隸로도 새깁니다.

부수는 미칠 이隶 자며 벗 내柰 자가 소릿값입니다.

미칠 이隶 자를 쪼개 보면 붓聿과 물氺이 만났으며

소릿값에 해당하는 능금 내, 벗 내柰 자는

나무 목木 자와 보일 시示 자가 합해진 글자입니다.

이 글씨 예, 예서 예隸 자 외에 미칠 이隶 자에도

미칠 대, 종 예의 뜻이 있고

선비 사士, 보일 시示가 만난 '벗 내'자를

소릿값으로 지닌 종 예隸 자에도

미칠 이, 미칠 대, 예서 예 자의 의미를 지닙니다.

'종 예'의 '종'은 타악기 종이 아니고

아랫것, 하인의 뜻이며 기독교의 '하나님의 종'입니다.

따라서 종, 죄인의 뜻과 함께

붙다, 종속하다, 좇다, 부리다, 살피다, 조사하다

익히다 따위와 서체 이름 〈예서隸書〉로 쓰이기도 합니다.

공간적 거리나 수준 따위가 일정한 선에 닿는다는 뜻으로
'미치다'일 때 미칠 이隷隷, 미칠 대隷隷로 발음합니다.
비슷한 뜻을 지닌 글자로는
종 노奴, 좇을 종從 자가 있습니다.

두杜du는 허우한後漢houhan 사람입니다.
짱띠章帝zhangdi 때 명필로서 이름이 높았던
두보두杜伯度dubodu를 가리킵니다.
두보두는 줄여 두두杜度dudu라고도 하고
두차오杜操ducao라고도 하는데
그는 특히 초서草書에 아주 뛰어났습니다.

예서隷書로는 웨이魏wei나라 때
태위太尉 쫑여우鍾繇zhongyou가 있습니다.
쫑여우는 특히 예서에 매우 뛰어난 명필이었지요.
예隷隷 자가 종 예隷隷 자이기에
하인들 글씨라고 오인하고 있습니다만
그냥 서체의 하나일 뿐입니다.
초서와 예서는 체가 완전히 다릅니다.
한자의 서체에는 크게 여러 가지가 있습니다.

첫째 갑골문甲骨文으로 원시 한자입니다.

갑골문은 기원전 1,500년경부터
기원전 1,000년경까지 있던 고대문자입니다.
갑골문의 재료인 거북의 등딱지나 뼈는
매우 단단하여 새기기 어려웠을 것입니다.

이 갑골문을 새기기 위해서는
청동 등 금속문화가 발달했을 것이고
경옥硬玉처럼 단단한 칼날을 썼을 것입니다.
따라서 옥을 다루는 솜씨도 발달했겠지요.
하나의 역사가 탄생하기 위해서는
주변의 관계된 모든 것들이 함께합니다.
어떤 것도 홀로 생기는 것은 없고
또한 홀로 사라지는 것도 없습니다.

무杜고稿조鐘예兼

둘째, 금문金文이니 쇠붙이에 기록된 글입니다.
다른 말로는 종정문鐘鼎文이라고도 하지요.
왜냐하면 쇠붙이로 종이나 솥을 만들 때
종이나 솥에 주물로 부어 만든 까닭입니다.

갑골문이 단단하고 날카로운 칼로
거북 등딱지나 또는 뼈 따위에
오목새김으로 한 자 한 자 새긴 것이라면

금문은 쇳물을 녹인 주물鑄物을 부어
돋을새김으로 한꺼번에 주조鑄造했습니다.

셋째 전서篆書 중 소전小篆입니다.
고문자의 마지막 서체라고 하겠는데
갑골문이나 종정문, 곧 금석문은
핸드메이드hand made이다 보니까
더러 오자나 탈자가 나올 수도 있습니다.

그러나 전서는 다릅니다.
전서란 도장印章 글이라 하듯이
예술적인 의미가 가미되기 시작한 글자입니다.
소전에 이어 대전大篆도 소전에 준합니다.

넷째 예서隸書입니다.
종을 위한 글씨이고 하인을 위한 서체입니다.
예서가 크게 발달한 시기는 친秦qin으로
시후앙띠始皇帝Shihuangdi 때부터입니다.

강한 형벌의 행사로 노역하는 죄수들이 많아
이들을 관리하는 과정에서 생긴 문자기에
노예 예隸 자를 빌려 예서隸書라 한 것입니다.

예서의 동기는 노예에게서 비롯되었으나
나중에는 하나의 서체로 자리잡게 됩니다.

다섯째 해서楷書입니다.
반듯楷한 글씨書입니다.
이 해서야말로 글씨를 문자에서 해방시켜
예술적 논의 대상으로 끌어올립니다.
정서正書나 진서眞書의 명칭에
제대로 어울리는 해서체는
바야흐로 서예가의 배출을 유도합니다.

허후한 시대 말기부터 등장하는
똥찐東晋Dongjin의 왕씨지王羲之Wangxizhi
탕唐Tang의 어우양쏜欧阳询과
앤젠칭颜真卿Yanzhenqing이 등장했습니다.

여섯째 초서草書입니다.
서체의 한 장르이지만
이를 직역하면 '풀잎草 글씨書'입니다.
고대에서 중세로 접어들면서
문자의 활용도는 점점 커져갑니다.
시대가 흐르면 흐를수록

열역학 제2의 법칙은 점점 들어맞게 됩니다.
이는 서체에서도 적용됩니다.

나는 언젠가 언급했습니다.
오욕락五欲樂에 두 가지가 더 덧붙는다고요.
물욕 색욕 식욕 명예욕 수면욕이라는
다섯 가지 욕락에 2가지를 더합니다.

여섯째가 놀이Game욕欲이고
일곱째가 속도욕速度Velocity欲입니다.
글이란 예술적 표현 이전에 앞서
생각의 전달이 우선입니다.

속기速記가 기능인으로 자리잡기까지는
그리 오랜 세월이 걸리지 않았습니다.
바쁜 세상에 언제 전서篆書를 쓰고 앉았고
언제 예서隸書에 머물 것입니까?
시간의 흐름은 상상초월想像超越입니다.
빠른 속도로 달려가는 시간에
어떻게 하면 적용할 수 있을 것인가를
서체라고 해서 예외例外일 수는 없었습니다.

풀잎처럼 한없이 부드럽고 자연스러우며
바람의 흐름 따라 적응하는 것처럼
사람들은 시간이라는 바람을 거스르지 않고
풀잎처럼 부드럽게 어울리는
자연스러운 글씨를 깊이 연구했습니다.

대표적인 초서 3가지를 소개합니다.
짱차오章草
찐차오今草
쿠앙차오狂草입니다.

일곱째 행서行書입니다.
능률면에서 떨어지는 해서와
지나친 간략화로 가독성이 떨어지는 초서
이들 두 가지를 보완한 것이 행서입니다.
행서의 대표적인 서체가 있습니다.
왕씨지王羲之의《란팅쒸蘭亭序Lantingxu》는
언제 보더라도 마음이 푸근해집니다.

바야흐로 캘리그라피Calligraphy입니다.
캘리그라피의 세계가 열려가고 있습니다.
한때는 서예가 대세였습니다.

불과 30년 전까지만 하더라도
서울 도심지에서 서예학원을 찾는 일은
그다지 어려운 게 결코 아니었습니다.
타자기가 없는 게 아니었는데도
손으로 쓰는 붓글씨는 인기가 있었습니다.

그러던 것이 1980년대 후반부터
워드 프로세서Word processer가 나오고
개인 컴퓨터PC가 가정으로 보급되면서
서예에 관심이 없어서가 아니라
컴퓨터에 재미를 붙이다 보니
자연스레 서예와는 멀어지게 된 것입니다.

요즘은 캘리그라피가 대세라고 합니다.
형태形態, 레이아웃Layout, 색상色相
이처럼 3가지 기본 요소를 갖춘다면 캘리그라피는
우리의 정서적인 삶을 보다 다양하게 가꾸어줄 것입니다.

두杜고稿중鍾애愛

2006년 여름이었습니다.
동아프리카 탄자니아 킬리만자로에 머물며
나는 커피를 사랑하게 되었습니다.
2000고지에서 재배되는 커피는 청량음료 그 자체지요.

나는 거기서 바리스타barista를 꿈꾸며
자격증까지 하나 덜컥 얻었습니다.
그러나 그냥 커피를 끓일 뿐이지
커피를 볶는 일까지는 아니었습니다.

나 같은 게으른 수행자가
바리스타 자격증을 취득했다고 하는 것은
어쩌면 커피전문점이 대세일 것이라는
시대의 흐름이 느껴졌기 때문일 것입니다.
그로부터 3년 뒤 나는 귀국했고
생각지 않게 커피전문점이 생겼습니다.
서울 시내 다방이 없어지고 난 자리에
커피전문점이 들어선 것입니다.

두杜고稿종鍾야也겸兼

나는 생각합니다.
머잖아 옛날 서예학원 자리를
캘리그라피 연구실이 차지할 거라고요.
일찍 일어나는 새가 먹이를 잡는다고 합니다.
남들 다 하는 캘리그라피가 아니라
자기 마음을 다스리고 다른 이들과 함께
차분한 정서를 공유할
그런 캘리그라피를 생각해봄은 어떨지요.

초서로서의 명장 두두와 예서로서의 대가 쭝여우는
이미 그 당시 캘리그라피의 선구였습니다.
이제 그들의 세계에 색상과 레이아웃과
형태를 제대로 입히는 새로운 캘리그라피를 기다려봅니다.

W

<122>

두杜고稿종鍾예隷

칠漆서書벽壁경經

0485 **옷 칠 漆**

0486 **글 서 書**

0487 **벽 벽壁**

0488 **길 경經**

두백도와 종원상의 초서와예서

과두문자 칠서에다 벽속의고문

옻漆으로 쓴 글書이고
벽壁속의 길經이다.
치수漆書Qishu여!
비징壁經Bijing이여!
아! 칠서벽경漆書壁經이여!

한석봉(1543~1605)선생은 어둠漆에서 글書를 썼고
그의 어머니는 가로막힌 벽壁 앞에서
사람으로 걸어갈 길經을 보이셨는데
상기 어둠漆 속을 헤매는
나의 학문書하는 모습이 부끄럽다.

생각의 벽壁에 부딪친 채
꼼짝도 못 하는 나의 길經이여!
동서緯로 난 길도 막혔고
남북經으로 난 길은 흔적조차 없다.

중부내륙고속도로를 달리다
끝자락에 위치한 함안 칠서漆西에 들러
줄다리기 줄 한 가닥 잡아 볼까.
양주 진접 광릉수목원을 지나
봉선사 법당에 모셔진 벽경壁經을 읽으러 갈까.

아서라!

나 가다듬음이 우선이다.

눈에 보이는 곳 여기가 바로 이승이고

보이지 않는 공간이 곧 저승이다.

관음전에 오르면 관음전이 이승이고

관음전 이외 공간은 저승이다.

오관으로 느낌이 있는 곳 이곳이 곧 이승이다.

내 숨 쉬는 시간

생각하는 시간이 금생인데

이 시간 흐름의 한 토막 이전은 다 전생이고

이 시간 흐름의 한 토막 이후는 다 내생이다.

유난히도 좋은 달 유월이고

화사하게 웃는 날 오늘은 화요일이다.

漆

옻 칠漆 자는 이 외에 일곱 칠 자와
삼가는 모양 절, 전심할 철이 있습니다.
똑같은 하나의 글자를 앞에 놓고도
칠과 절과 철로 발음이 됩니다.
담긴 뜻도 당연히 다르겠지요.
새까만 빛깔의 뜻 칠漆과
일곱을 뜻하는 칠漆이 있고
삼가는 모양의 절漆이 있으며
마음을 기울이는 절漆이 있습니다

모양자는 삼수변 수 氵 오른쪽에
옻 칠桼 자를 더해 만든 글자입니다
알다시피 '옻'은 '옷'이 아니라
'옻'이라 읽는 게 옳습니다
옻, 옻나무, 옻진, 검은 칠입니다
이체자로는 칠㯡, 칠桼 자가 있고
동자로 칠柒, 칠漆, 칠榛 자가 있지요

287

옻 칠漆은 회의문자會意文字입니다

둘 이상의 뜻이 모여 된 글자지요

칠漆 자는 '옻'이나 '옻나무 진'

'검은 칠'이라는 뜻을 가진 글자며

옻 칠漆 자는 물 수水 자와 함께

옻 칠桼 자가 결합한 자입니다

옻은 색깔이 매우 어둡다고 하여

검다는 뜻으로 파생되고 있습니다

옻 칠漆 자는 형성문자로도 보는데

삼수변氵삼수변水, 삼수변氺과

소릿글 칠桼 자로 되어 있지요.

본디는 강江의 이름이었습니다.

그러다 물 수氵 하나로도 부족하여

나무 목木 아래에 물 수水를 더하여

쓰임새가 다양하다는 뜻을 살렸지요.

스님네가 입는 승복을 치의緇衣라 하고

드나드는 문을 치문緇門이라 하는데

화려함에서 단순함으로 보여 주는

수행자 삶을 표현한 것입니다.

옻은 쓸 곳이 매우 다양한 편인데

가구나 옷, 또는 그릇 따위에

칠漆서畵벽壁경經

윤을 내기 위하여 옻을 바르고
면이 있는 사물에 기름이나 혹은
액체 물감 따위를 바르는 물질입니다.

옻이라 하면 나는 늘 조심스러웠지요.
시골에서, 산중에서, 옻나무밭에서
가까이 가는 것도 마냥 두려워
조심스럽게 대하곤 했지요.
옻에서 풍기는 찐득한 액체에서
적응이 되지 않으면 옻독으로 인해
목숨을 잃는 일도 꽤나 많았으니까요.

그만큼 옻은 독성이 좀 심한 편이지요.
절에 들어와 받은 게 바리때입니다.
네 쪽으로 1벌이 되는 그릇인데
왼쪽 앞 그릇이 밥그릇이고
오른쪽 그릇이 국그릇입니다.
밥그릇 앞에 반찬 그릇이고
국그릇 앞은 물그릇이 놓였지요.
나는 공양 시간 내내 걱정했는데
혹시 옻독이 오르면 어쩌나 하고요.
그러나 스님들이 바리때 때문에

옻 올랐다는 소리 듣지 못했습니다.
옻독은 싱싱한 나무일 때 옮기지
독이 없어진 뒤는 상관이 없다네요.

옻 칠漆 자를 잘 들여다보세요.
왼쪽에 흘러내리는 액체 氵
그는 나무木에서 시작이 되고
그렇게 사람人에게 전해지지요.
도대체 무엇으로 어떻게 말입니까.
당연히 액체水 그대로입니다.
그럼에도 항상 사랑을 받는 것은
아름다운 검은 빛 때문일 것입니다.
태양보다 더 밝은 게 없다고 하면
옻칠보다 더 짙은 빛도 없습니다.

書

글 서書 자는 총10획, 복잡하지요?
부수는 곧 가로 왈曰입니다.
어떤 데서는 날 일日로 표합니다.
모양자로는 가로 왈曰 자에
붓 율聿 자를 위에 얹고 있지요.

담긴 뜻은 글, 글씨, 글자 외에
문장文章
기록記錄
서류書類
편지便紙, 片紙
장부帳簿, 賬簿
쓰다, 기록記錄하다
글자로 기록한 모든 문서를
통틀어 이르는 말이기도 합니다.

이처럼 글 서書와 관련이 있는 자는

책 책冊, 글월 문文, 글 장章
문서 적籍, 온화할 자籍
날 경經 자와 더불어
이체자书와 동자书가 있습니다.

뜻을 모은 글자 곧 '회의문자'입니다.
글 서書 자는 '글'이나 '글씨' 외에
글자의 뜻을 가진 글자이지요.
서書 자는 붓 율聿 자와 더불어
가로 왈曰자가 결합한 모습이지요.
율聿 자는 손에 붓을 쥐고 있는 모습을
그린 것으로 '붓'이라는 뜻을 지니며
여기에 말씀의 뜻 왈曰 자가 더해진
서書 자는 말을 글로 적음입니다.
혹은 왈曰을 놓고 먹물이 담긴
벼루를 표현한 것이라 해석도 하고요.

서체書體에는
갑골문을 비롯하여
금문과
소전과
해서 등 아주 여러 가지입니다.

우리 한글 서체가 훨씬 더 많지만요.

형성문자로서의 글 서書를 볼까요.
뜻을 담은 글자 율聿과
소리를 나타내는 글자 자者의
변형이 합하여 이루어진 것이지요.

지구촌 세계 구석구석 어디를 가나
나라마다 서로 통하는 말이 있고
그를 표기하는 글자가 있습니다.
우리에게는 무엇이 있습니까
그렇습니다. 한글이 있지요.
겨우 스물네 자 뿐의 글자이지만
가장 과학적이라 논평을 하곤 합니다.
10자의 모음과 14자의 자음이니
겨우 24자밖에 안 되는 데 말입니다.

글書은 그림畫에서 시작되었지요.
왜냐하면 글로 표현하기 앞서
소통할 수 있는 게 그림이었습니다.
그림은 누구나 이해할 수 있으나
글씨는 모든 세계 모든 언어를

다 이해할 수 없었으니까요.
그림과 글로 표현하기 위해서는
반드시 도구 붓筆이 있어야 했고
글을 쓰거나 그림을 그리려면
무엇보다 내용曰이 있어야 했고
그려낼 종이一를 필요로 했습니다.
그렇게 해서 마침내 발명해 낸 게
그림畫과 더불어 글書입니다.

0487 벽 벽壁

옻漆으로 쓴 글書이며
벽壁 속 마음의 길 경經입니다.

벽 벽壁 자를 낱낱이 살펴볼까요?
부수가 다름 아니 흙 토土자며
벽壁의 모양자를 보노라면
흙 토土에 피할 피辟를 더했지요.

벽 벽壁 자는 본래의 벽 외에
담, 진터, 군루軍壘 따위가 있고
나성羅城, 성의 외곽, 별의 이름과
낭떠러지, 진지를 굳게 지킴 등입니다.

벽壁 자는 뜻 모음 '회의문자'입니다.
벽壁 자는 벽이나 낭떠러지이며
성 외곽 뜻을 가진 글자지요
벽壁 자는 흙 토土 자와 더불어
피할 피辟 자가 결합한 모습입니다.
피辟 자는 죄수, 하인을 그린 것으로
피하다, 벗어나다라는 뜻이 있지요.
인위적인 담벼락은 외부로 하여금
내부를 차단하는 역할을 합니다.
벽 벽壁 자에 쓰인 피辟 자에도
그러한 뜻이 담겼다 할 수 있습니다.

벽 벽壁 자는 흙을 쌓고 또 쌓아 올려
외부의 시선을 피한다는 뜻입니다.
그러나 벽壁이 꼭 흙으로 빚어진 것만을
뜻한다 하진 않습니다.
벽은 인위적이기도 하지만

자연의 힘으로 만들어진 게 있지요.
이를테면 절벽이라든가
또는 자연 동굴의 벽이라든가
담벼락처럼 높고 깊은 낭떠러지도
알고 보면 일종의 벽壁인 까닭입니다.

벽 벽壁 자는 형성문자로 얘기합니다.
뜻을 나타내는 흙토土의 흙과 함께
소릿값을 드러내는 동시에
막다의 뜻을 나타내는 글자가
곧 벽辟으로 이루어진 것입니다.
흙을 쌓아 올려 안팎을 구별합니다.
여기에 여러 가지 뜻이 있는데 볼까요.

첫째, 집이나 방房 따위 둘레를 막은
수직垂直 건조물建造物이 있고
둘째, 극복하기 어려운 한계나
장애를 비유적으로 이르는 말입니다.
셋째, 관계關係나 교류의 단절을
비유적으로 이르는 말입니다.
넷째, 둘레를 형성하거나
공간을 규정하는 수직의 구조나

그 골조骨組를 얘기하기도 하지요.
다섯째, 이십팔수二十八宿의
열넷째 별자리에 있는 별들입니다.
이들이 곧 세상을 둘러싼 벽이니까요.
여섯째, 이십팔수二十八宿의
열넷째 별자리를 벽壁이라 합니다.
일곱째 달마의 구년면벽九年面壁을
선불교禪佛敎에서는 매우 중시하지요.

0488 길 경經

경經은 글 경經, 지날 경經입니다.
부수는 실 사糸며 또한 실 사糸
모양자는 가는 실 멱糸 에
물줄기 경巠을 더한 모습입니다.

여러 가지 뜻이 있는데 다양하지요.
첫째, 날, 날실, 피륙이나

또는 그물을 짤 때

세로 방향으로 놓인 실이며

둘째, 노끈이고 또한 새끼입니다.

셋째, 글과 생각, 일 따위 내용을

글자로 표현한 기록입니다.

넷째, 책冊이며 경서經書고

다섯째, 올바른 길, 곧 도리道里며

여섯째, 법法이고 규범規範이며

일곱째, 땅 경계며 땅의 가장자리고

나아가서는 땅의 경계境界입니다.

여덟째, 불교경전 곧 불경佛經이며

여기 경율론經律論이 포함됩니다.

성경, 13경, 도덕경 등도 당연하고요.

아홉째, 달거리요 월경月經으로서

성숙한 여성들이 늘 주기적으로

출혈하는 생리生理 현상입니다.

열째, 다스림이고 통치統治며

열하나, 경영經營business이라

기초를 닦고 계획을 세워 나감이지요.

열두째로는 지남이고 통과通過며

열셋째 주主, 주장, 중심이고

열넷째, 반듯하고 곧게 뻗음이고
열다섯째, 곧게 이어감입니다.
열여섯째, 베를 짬이 경經이며
열일곱째, 지내다며 겪음입니다
열여덟째, 좇다, 남의 말을 따름이고
열아홉째, 일찌기의 뜻을 갖고 있지요

이체자異體字로는
경经 중국 간체자
경経 일본자
경経 속자
경经 동자 따위가 있습니다

경經은 회의문자會意文字입니다.
한마디로 '뜻모음 문자'이지요.
경經 자는 지나다, 다스리다
날실이라는 뜻을 가진 글자입니다.
경經 자는 가는 실 사糸 자와
물줄기 경巠 자가 만난 모습이며
경巠 자는 물줄기라는 뜻이 있으나
본디 베틀 사이로 북의 날실이
오가는 모습을 그린 것입니다.

물줄기 경巠 자가 먼저 쓰였었지요.
그러나 나중에 물줄기 경巠 자가
물줄기라는 뜻으로 가차假借 되며
여기에 실 사糸를 더한 경經 자가
지나다란 뜻을 대신하게 되었습니다.
경經 자는 나중에 비단 실을 엮어
베를 짜듯 기초를 닦고 나아간다는
일상적 의미에서 '다스리다'와
'경영하다'라는 뜻도 갖게 되었습니다.

이를 형성문자形聲文字로 볼까요?
뜻을 지닌 실사糸, 실타래部와
음을 나타내는 글자 경巠이
세로로 곧게 뻗은 줄기와 합해
경經이 이루어진다고 본 것입니다.
옷감 짜는 데는 세로 날실 경經과
좌우로 오가는 씨실 위緯가 있지요.
이 위緯와 조화로움이 곧 경經입니다.

<123>

부府라羅장將상相
로路협俠괴槐경卿

0489 **고을 부** 府

0490 **벌일 라** 羅

0491 **장수 장** 將

0492 **서로 상** 相

관부에는 장상들이 기라성같고
길을끼고 고관저택 늘어서있네

0489 고을 부府

府

고을 부府의 부수는 집广입니다.

그리고 안의 줄 부付가 소릿값이고요.

집广이 건물을 뜻한다면 부付는 나누는 행위입니다.

건물广에 나누어 줄 물건이 재여 있다면

때에 따라 사람亻은 마음寸을 열 수 있고

그 마음寸을 사람亻들과 나눌付 수 있습니다.

이런 일은 어디서 누가 합니까?

정부政府에서 하고 관청府에서 합니다.

정부에서 세금을 거두는 것은

나라 살림을 살기 위해서입니다.

나라 살림은 결코 작은 게 아닙니다.

그중에 힘들고 어려운 사람을 돕는

이른바 복지福祉가 반드시 포함되어 있습니다.

고을 부府 자는 '고을' 외에

'마을 부府' '곳집 부府' 자로도 새깁니다.

부府라羅장將상相

도읍, 도시, 관청, 관아, 곳간으로 지은 집, 집, 저택

사물이 모이는 곳, 가슴, 조정이나 정부, 관부, 도청

시 군 구청, 읍 면 동사무소 정부종합청사 따위입니다.

입법부立法府, 사법부司法府, 행정부行政府를 비롯하여

정부政府는 대학 또는 대학원인

최고학부最高學府를 포함하고

마을의 신을 모셔 두는 집 부녀당府女堂

축복받지 못한 자가 죽어서 가는 곳 음부陰府

지장보살이 변호사로 근무중인 곳 명부冥府

마음을 뜻하는 흉부胸府 등도 부府에 해당합니다.

큰창자와 작은창자를 통틀어

이르는 말로써 창자의 뜻이 있고

선조의 영혼을 모시는 사당, 영묘, 죽은 아버지

모으다, 고개를 숙이다, 구부리다

문서를 넣어 두는 곳간으로 청사廳舍

문서를 취급하는 관청의 뜻이 들어있습니다.

컴퓨터 아카이브archive와 매체로서 파일 저장고입니다.

부府라 羅정術상相

0490 벌일 라羅 / 罗 / 罗

羅

부수는 그물 망网입니다.

'그물 망'은 망网 자 외에 더 있지요.

그물 망, 없을 망罔, 그물 망網, 그물 망, 없을 망罔

그물 망, 넉 사罒, 그물 망罔, 그물 망罔, 그물 망罓

그물 망罔 등이 있습니다.

그물망머리罒罔罓网 부수에 벼리 유維 자가 합하여

이루어진 글자로 그물罒에 벼릿줄維을 꿴다는 의미입니다.

갑골문자에 따르면 새를 잡는 그물을 뜻합니다.

실제 그물网 가운데 xx가 새鳥로 그려져 있습니다.

이 벌일 라羅 자에는 '벌이다' 외에

일을 계획하여 시작하거나 펼치다, 벌여놓다, 늘어서다

두르다, 망라하다, 그물치다, 그물질하다, 체질하다

체로 치다, 걸려들다, 맞딱뜨리다, 차단하다, 막다

총괄하다, 포괄하다, 그물의 뜻이 있습니다.

또 비단緋緞과 명주明紬를 비롯하여

명주실로 바탕을 좀 거칠게 짠 비단 깁이 있는가 하면

가루를 곱게 치거나 액체를 받거나 거르는 데 쓰는 기구 체와

타악기로 징이 있고 나선형螺旋形 '나羅'를 얘기합니다.

〈루어푸찌멍罗浮之梦Luofuzhimeng〉이 있습니다.

'루어푸샤오뉘罗浮少女Luofushaonu'라는

아름다운 미인을 탄생시킨 작품입니다.

리우종위앤柳宗元Liuzongyuan의 작품으로서

〈롱청루龙城录Longchenglu〉도 있습니다.

우리말로 나부지몽, 나부소녀인데

삶이란 '한바탕의 봄꿈'이라는 작품입니다.

루어푸찌멍과 같은 뜻으로는

이창춘멍一场春梦Yichangchunmeng

한단찌멍邯郸之梦Handanzhimeng

후앙리양멍黃粱梦Huangliangmeng

난커이멍南柯一梦Nankeyimeng

페이짜오파오肥皂泡Feizaopao 등이 있습니다.

이처럼 괜찮은 고사성어故事成語는

한문학을 하는 이들에게는 산소酸素와 같습니다.

부府과羅정將상相

'망라網羅'라는 이름씨가 있습니다.

'망라하다'라는 움직씨에서 온 말이지요.

미국의 언어학자이자 정치운동가며 아나키스트이자

진보적 좌파 교수 에이브럼 노엄 촘스키(1928.12.7~)의

대표적인 논문《변형생성문법》에서도 밝혔듯이

세상의 모든 이름씨는 움직씨에서 왔고

모든 그림씨도 결국은 다 움직씨에서 왔습니다.

천삼라지만상天森羅地萬象이

끊임없이 움직이는 운동의 법칙을 떠나서는

어느 것도 설명이 불가능하고

꿈틀대는 생명의 세계를 떠나서는

이름다움과 추함을 얘기할 수 없습니다.

'망라'는 천라지망天罗地网에서 온 말인데

땅의 망网과 하늘의 라罗를 따다가 망라로 표현합니다.

부부라라羅장將상相

將

장將은 마디 촌寸이 부수고

나뭇조각 장爿/爿이 소릿값입니다.

마디 촌 위에 얹힌 것은 육달월月입니다

마디 촌寸은 손手을 뜻하며 마음의 세계를 뜻합니다.

육신月을 지니고 있는 모든 생명체는

사람이든 동물이든 곤충에서 미생물까지도

본능적으로 제 생명을 보호하는 것은 물론이려니와

제 몸을 지키려는 의지를 갖고 있습니다.

여기서는 물론 사람이 중심입니다.

오래 살고 싶어하는 인간의 욕구 가운데

자신의 영역을 보호받고 싶어하고

자신의 재산과 가족들을 지키고 싶어하는데

이를 도와주는 이는 힘이 있어야 합니다.

작은寸 힘月이라도 지지대爿가 필요하고

그 작은 힘이라도 지닌 이가 곧 장수입니다.

장수의 장將이 '장수 장'이고
'씩씩할 장'이고 미래의 뜻 '장차 장'입니다.
담긴 의미를 한번 살펴볼까요?
장수, 인솔자, 장차, 문득, 청컨대, 무릇, 대저
대체로 보아, 만일, 만약, 혹은, 그렇지 않으면, 또한
한편, 거의, 대부분, 그리고, 그리하여, 원하건대
바라건대, 오히려, 어찌 따위의 뜻이 담겨 있습니다.

게다가 인솔하다, 거느리다, 기르다, 양육하다, 동반하다
행하다, 행동으로 옮기다, 받들다, 나아가다, 발전하다
가지다, 취하다, 지키다, 장군將軍, 장수將帥의 뜻이고
준장, 소장, 중장, 대장의 통칭입니다.
다른 자는 나뭇조각장변丬이 좀 더 간단해지고
육달월月이 저녁 석夕으로 바뀌었습니다.
바로 장수 장將 자입니다.

중국어에서는 같은 장수 장將 자인데
성조를 어떻게 읽느냐 어떻게 발음하느냐에 따라
장將 자에 담긴 뜻이 달라집니다.
가령 지앙將jiang을 제1성平聲으로 내면
장차, 미래, 도움의 뜻이 되고
지앙將을 제4성去聲으로 내게 되면

이름씨로 장교, 지휘관이 됩니다.

그런데 지앙將jiang이 아니라

치앙將qiang 제1성으로 발음할 경우

원하다, 부탁하다, 권하다, 청하다가 됩니다.

중국어는 성조가 일정하지 않습니다.

분명 지앙將jiang을 제4성으로 발음하면 이름씨로서

장교요 인솔자인데 지앙쮠將軍Jiangjun을 발음할 때는

'지앙將'과 '쮠軍'을 다같이 제1성으로 합니다.

초월장군궁初月將軍弓이요

유성장사시流星壯士矢로다

초승달은 장군의 활이요

별똥별은 장사의 화살이다

초승달 생김새와 별똥별의 흐름을 두고

활弓과 화살矢에 견주고 있는데

공감할 만한 시인 듯싶어 소개합니다.

2016년에는 미스USA 역사상 최초로

26세 흑인 여군 중위에게 돌아갔습니다.

현지 시각으로 6월5일 밤이었지요.

워싱턴 대표로 출전한 디샤우나 바버 씨는

2007년 17세에 입대하여 현재는
상무부 정보기술(IT) 분석관으로 복무 중이지요.
군인가족으로 애국심이 남다른데
여기에 미스USA의 왕관까지 쓰게 되었으니
비록 남의 나라 일이기는 하지만 참 즐겁습니다.

0492 서로 상相

서로 상相 자는 무슨 부수일까요?
누가 보더라도 이는 나무목변木입니다.
열에 여덟 아홉十中八九은 '나무목변'으로 답합니다.
그러나 상相 자는 눈목변目입니다.
따라서 이는 회의문자會意文字에 속하지요.
부수인 눈 목目 자도 한없이 중요하지만
소릿값인 나무 목木 자도 눈에 못잖게 중요합니다.

제대로 된 재목을 고르기 위해
나무木를 살펴본다目는 뜻이 들어 있습니다.

나중에 얼굴의 생김새 여러 가지 모양과 태도
그때그때 나타나는 얼굴 모양새를 놓고
관상觀相을 보는 학문이 등장합니다.

또는 물리物理나 화학化學의 측면에서
같은 바탕의 물질을 놓고
고체固體 모양相으로 볼 것인가
아니면 액체液體 모양으로 볼 것인가
기체氣體로 볼 것인가 하는 따위를 나타냅니다.

수소 분자 2개와 산소 분자 1개로 된
동일한 물의 성분을 놓고
얼음은 물과 수증기의 고체로
물은 수증기와 얼음의 액체로
수증기는 얼음과 물의 기체로 보는 것입니다.

이밖에 서로 상相 자에 실린 뜻을 살펴볼까요?
서로, 바탕, 도움, 보조자, 시중드는 사람, 접대원, 담당자
모양, 형상, 악기 이름, 정승, 자세히 보다, 돕다, 다스리다
가리다, 고르다, 따르다, 이끌다, 점치다, 생각하다
더 나아가서는 방아타령 등이 있습니다.
그리고 빌 양相 자로 새길 경우 빌다, 기원하다

푸닥거리하다 따위 뜻이 들어있습니다.

여기《천자문千字文》에서 의도하는 상相은
삼정승三政丞을 비롯한 공경대부公卿大夫들입니다.
앞의 장수 장將이 무관武官이라면
여기 서로 상相은 문관文官을 가리킵니다.
조정에는 문관과 무관이 함께 모여
왕실과 나라 살림을 걱정하고
또한 나라와 백성들의 안위를 위해
부단히 연구하고 또 노력하는 모습들입니다.

그러나 뭐니뭐니해도 상相이라면
반야사상의 정수《금강경》에서 말씀하시는
아상我相, 인상人相, 중생상衆生相과 더불어
어른인 체하는 수자상壽者相을 비켜갈 수 없습니다.

어허! 상相 내지 말라고요.
네, 잘 알겠습니다.

<124>

부府라羅장將상相

로路협俠괴槐경卿

0493 **길 로** 路

0494 **낄 협** 俠/俠

0495 **회화나무 괴** 槐

0496 **벼슬 경** 卿

관부에는 장상들이 기라성같고

길을끼고 고관저택 늘어서있네

路

이 길 로路 자를 볼 때마다

시나브로 떠오르는 학교가 있습니다.

타이완 타이베이에 있는 국립정치대학입니다.

지금은 원산취文山區로 되어있지만

학술모임에 참석차 갔던 1986년도에는

타이베이시臺北市 무쟈취木柵區였습니다.

이 국립정치대학은 1927년에 창립되었고

장제스蔣介石 총통이 창립자입니다.

오사화, 린이천, 밀크 린, 쏭추위, 아 벤

조셉 우, 제이슨 후, Wu Tsing-Fong 등과

티모시 양, 진기정, 앤드류 시아를 배출했지요.

얘기하고 싶은 대목은 무쟈木柵입니다.

어렸을 때 펼친 어느《천자문千字文》에는

이를 '울짱 낙, 락路'으로 새겨 놓았습니다.

그래서 내가 우리 이재훈 훈장님께 여쭈었지요.

"선생님, 다른 책들은 다 '길 로路'자인데
여기서는 와 '울짱 낙/락路'자로 했습니까?"
훈장님께서도 되물으셨습니다.
"글쎄다, '울짱 낙'으로 새기기는 하지만
'길 로'자를 빼고 '울짱 낙'만 써 놓은 것은
나도 처음 보는데 왜 그랬을까?"

훈장님은 이미 진작부터 알고는 계셨습니다.
'길 로'를 '울짱 낙'으로 새기기도 한다는 것을
다만 '울짱 낙/락'자로만 표기한 것은
처음 보신 듯 했습니다.
그렇다면 울짱이 무엇일까요?
그때 훈장님은 목책木柵이라 쓰셨습니다.
목책이란 나무 말뚝 울타리입니다.
말이나 양을 보호하는 목장의 울이고
집 주위에 나무 말뚝을 잇따라 박은 울입니다.

울짱 낙/락路 자 외에 즐길 낙/락路 자로도 새기는데
즐길 낙樂 자와 같은 뜻을 갖고 있습니다.
따라서 '울짱'이나 '즐기다'로 표현할 때는
울짱 '낙/락路' '즐길 낙/락路'으로 읽습니다.

315

길 로路 자는 부수가 발족변足입니다

저마다各 제 갈 길을 걷는足 곳이라 하여

길路로 뜻하게 된 것입니다.

옛 문헌《저우리周禮》〈띠꾸안地官〉에 의하면

수레 1대가 다닐 수 있는 길이 투途요

수레 2대가 다닐 수 있는 길이 따오道며

수레 3대가 다닐 수 있는 길이 루路라 기록되어 있습니다.

그러나 언어도 시대에 따라 변합니다.

소릿값만 변하는 게 아니라

그 말 속에 담긴 의미도 변합니다.

기원전 500여 년경에《저우리周禮》가

하나의 문헌으로 성립되었다고 한다면

적어도 2,500여 년의 시간이 지났습니다.

당연히 글자와 글자에 담긴 의미도

변천의 역사를 거스르지는 못했을 것입니다.

길 로路 자에는 길, 통행. 도로, 도리, 도의, 방도

방법, 사물의 조리, 중요한 자리, 지위, 요처

길손, 나그넷길, 거쳐 가는 길, 수레, 모

행정구획 이름(봉은사로, 종로, 시어골길 등)

크다, 드러나다, 고달프다, 피로하다, 쇠망하다

모지다, 길을 가다, 바르다 등이 담겨 있습니다.

발 족足 자는 사람이 달려가는 모습입니다.
달릴 주走의 머리 부분이 흙 토土라면
발 족足은 입 구口가 다를 뿐입니다.
족足 자가 빠른 걸음競步이라면
주走 자는 힘껏 달려疾走가는 모습입니다.
입 구口 자는 호흡을 가다듬음이고
흙 토土 자는 땀과 먼지의 뒤범벅입니다.

족足 자는 입 구口와 그칠 지止의 합성이고
길 로路 자 오른쪽의 각각 각各 자는
역시 입 구口 위에 뒤져올 치夊입니다.
족足의 그칠 지止가 먼저 온 사람口이라면
각各의 뒤져올 치夊는 늦게 온 사람口이지요
따라서 길 로路 자의 뜻은
나만余의 길辶을 고집하는 도途나
앞서首 달리기만辶을 고집하는 도道와
차이를 이룰 수밖에 없습니다.

특히 도途나 도道는 같은 길이면서도
잘 닦여진 길辶 위를 달리게끔 하는데

길 로路는 사람 사람이 발足로 걷는 길입니다.

이 길은 마차 세 대가 다닐 수도 있지만

때에 따라서는 깊은 산길일 수도 있고

시베리아 들판의 삭막한 길일 수도 있으며

사하라와 같은 열사의 길일 수 있습니다.

인생살이의 험준한 길險路일 수 있습니다.

俠

재방변扌의 낄 협挾/挾

변 없는 낄 협夾/夾

대죽머리의 낄 협/점대 책筴/筴

사람인변亻의 낄 협/의기로울 협俠/俠

여기에는 의기롭다, 가볍다, 젊다, 끼다, 제멋대로 굴다

호협하다, 호방하고 의협심이 있다, 칼자루, 좁다

가깝다, 겸하다, 부축하다, 곁, 손잡이

좌우에서 돕다 등의 뜻이 들어있습니다.

윗 사람大이 작은 사람들夾을

잘 이끌고 간다夾는 뜻도 있습니다만

아랫사람들夾이 늘 좌우에서

윗사람, 어르신大을 모신다는 뜻도 있지요.

槐

한 마디로 '나무木＋귀신鬼＝괴槐'입니다.

아이고! 섬뜩한 나무도 다 있다고요?

그렇습니다.

섬뜩한 나무입니다.

이럴 때 한자를 기억하기 쉽습니다.

회화나무 회懷 자와 같은 뜻의 글자이지요.

이 회懷는 글자는 그대로 쓰면서

회화나무/느티 나무 괴懷 자로도 새깁니다.

콩과의 낙엽 활엽 교목의 회화나무

측백나뭇과의 상록 침엽 교목인 향나무

느릅나뭇과의 낙엽 활엽 교목인 느티나무

나무 이름이며, 또는 풀 이름입니다.

삼공三公의 자리를 일컫는 말입니다.

첫째 타이웨이太尉＝영의정領議政

둘째 쓰투司徒＝좌의정左議政

셋째 쓰콩司空=우의정右議政 이지요
1979년 2월 11일(동안거 해제 날)
해인사 승가대학을 졸업하고
3주간 경학원經學院에서
사분율장四分律藏 60권을 모두 완독한 뒤
3월 초 부산시 사하구(서구) 괴정동(괴정4동)
동주대학 옆 사리암에 석장錫杖을 걸었습니다.
내가 괴정동 사리암에 걸망을 푼 것은
괴정동槐亭洞이라는 지명 때문이었습니다.

이 괴槐 자가 느티나무 괴槐 자입니다.
나는 회화나무는 잘 모릅니다.
다른 사람들도 '회화나무'보다는
느티나무로 많이 알고 있으니까요.
느릅나뭇과의 '느티나무'라고 한다면
사람들은 "아! 느티나무!"라 하며
"맞아! 괴목槐木이 느티나무~"하곤 합니다.

중국 '저우나라周朝' 라고 하면
샹商Shang나라에 이어
B.C 1046년에 세워져 B.C 256년까지
장장 700년간 이어진 큰 왕조王朝입니다.

로로칩體괴槐경御

인류사에서 가장 위대한 교육자였던
콩치우孔丘 선생이 정치의 모토로 삼았던
그야말로 멋진 세계였다고 합니다.

이 저우周나라 때 조정에서
회화나무 세 그루와 가시나무 아홉 그루를 심어
공경公卿大夫들이 그 나무 아래 나누어 앉아
삼공三公 구경九卿의 자리를 정했다고 합니다.
이러한 인연이 계기가 되어
회화나무 곧 느티나무는 삼공을 뜻하고
가시나무는 구경을 의미하게 된 것입니다.

삼공은 위에서 살폈듯이
중국에서는 타이웨이, 쓰투, 쓰콩이고
우리나라는 영의정, 좌의정, 우의정입니다.
내가 괴정동에 마음이 끌린 것은
괴槐에 얽힌 이러한 역사 때문이었습니다.

나는 그로부터 1년 뒤 1980년 3월
서울 종로 대각사로 석장을 옮기기까지
여러 사람들을 찾아 괴정의 뜻을 물었으나
그냥 "느티나무 정자가 있었지"라는 답변 뿐이었습니다.

심지어 나는 괴정동 사무소를 찾고
구덕운동장 부근 서구청을 찾으면서까지
괴정동 동명에 대해 물었으나
대개 위와 같은 답변만 되돌아왔습니다.
나중에 안 것이지만 대전광역시에도
동명이동의 괴정동이 있더군요.

누가 뭐라든 나는 얘기합니다.
나라 살림을 이끌어 가던
정승을 지낸 인물이 스며들어 살았거나
또는 앞으로 큰 인물이 나오길 바라는
간절한 심정에서 붙여진 이름일 것이라고요.

충북 괴산군槐山郡도 예외는 아닙니다.
괴산에 스스로 지은 절을 갖고 있고
괴산에서 태어나 괴산을 사랑하는
후배 스님이 한 사람 있습니다.
그 후배에게 괴산의 뜻을 물었으나
역시 내가 기대한 답은 나오지 않았습니다.

로路혈休괴槐정情

0496 벼슬 경卿

卿

병부절卩 부수에

토끼 묘卯 자가 뜻을 지니고 있고

향기로운 음식 핍皀 자가 소리를 나타냅니다.

회의문자인 벼슬 경卿 자를 파자하면

가운데 향기로운 음식皀을 두고

양쪽으로 사람이 앉아있는 모습입니다.

다시 말해 영빈관迎賓館에서

고급 관리를 맞아 주연을 베푸는 모습이지요.

도로참체괴魁 경卿

예로부터 정치는 먹으면서 한다고 합니다.

조찬朝餐 모임을 갖고, 오찬午餐을 함께 하며

만찬晩餐에서는 향긋한 술을 곁들입니다.

벼슬卿하는 이들이 어찌 먹지 않고 정치를 논할 것이며

어찌 마시지 않고 경제를 논할 것이며

어찌 열지 않고 자리를 논하겠느냐는 것입니다.

그런데 정말 그럴까요?

경卿에 담긴 뜻은

첫째, 장관 이상의 벼슬입니다.

장관 이상이니까 으레 장관이 포함됩니다.

따라서 국무총리는 물론이고

교육부총리 경제부총리가 있는데

당연히 경卿에 들어갑니다.

그게 아니라고요?

국무총리와 두 부총리는 삼공三公이라고요?

정부조직법 제26조에 따르면

교육부, 외교부, 통일부, 법무부, 국방부, 환경부

행정자치부, 기획재정부, 보건복지부, 고용노동부

여성가족부, 국토교통부, 해양수산부, 농림축산식품부

산업통상자원부, 미래창조과학부, 문화체육관광부에

장관과 차관이 있습니다.

둘째, 어르신에 대한 존칭입니다.

셋째, 임금이 신하를 부르는 말입니다.

넷째, 선생님을 일컫는 말이며

다섯째, 아주머니를 경卿이라고도 하고

여섯째, '그대' '당신'을 부르는 말입니다.

일곱째, 상서로움을 경卿이라 표현합니다.

<125>

호戶봉封팔八현縣

가家급給천千병兵

0497 **지게 호** 戶

0498 **봉할 봉** 封

0499 **여덟 팔** 八

0500 **고을 현** 縣县

공신에게 팔현봉작 예우를 하고
일천군사 내어주어 호위케하며

어렸을 때는 공신의 봉작에 대해 느낌이 없었습니다.
열댓살 어린 나이 사춘기 때문이었을까
때로 엉뚱하고 반항적이었습니다.
이 글을 접할 때도 공신이니까 했고
호봉팔현戶封八縣이라 그럴 수 있지 했습니다.

그런데 요즘은 글을 보는 눈이 달라졌습니다.
같은 대목 '호봉팔현'을 읽으면서도
정치인들의 정치놀음이 눈에 보입니다.
살아있는 권력은 그렇다 치고
떠나고 하야한 권력까지 줄을 대어가며
상기(아직)도 동교동계니 상도동계니
친노니 비노니 하는 게 예삿일이 아닙니다.

정작 자신을 뽑아 준 국민은 눈眼中에도 없고
앞으로 어느 누가 대권을 잡을 것인가에
혈안血眼이 되어 있는 게 보입니다.
공신에게 주어지는 호봉팔현과 함께
'가급천병家給千兵'이라는 덤 때문일까요?
이왕이면 가임정당可妊政黨에서 일을 하다가
임신에서 출산까지 잘 보살폈을 때
주어지는 공신의 작위가 소중해서일까요?

나라와 국민을 위해 일하기로 하고
정치를 시작한 사람들 같지가 않습니다.
뭔가를 하나하나 따져가면서
상대를 비판하는 것이 아니라
입에 담을 수 없는 욕설부터 내뱉고 봅니다.

내가 몸 담은 동아리黨가 아니라면
참신한 비판이 아니라 비방과 욕설이 앞섭니다.
정치인들 전체가 다 그런 건 아니고
그런 정치인이 한둘은 꼭 끼어 있습니다.

어문학자 뚜안위차이段玉裁Duanyucai(1735~1815)
그가 세상을 뜨던 해에 첫선을 보인 명저
그의《설문해자주說文解字注》에 따르면
봉현封縣은 제후 벼슬과 함께 주는 봉토입니다.
공작과 후작에게는 사방 백 리이고
백작에게는 사방 칠십 리며
자작과 남작에게는 사방 오십 리입니다.
요즘 미터법으로 환산하면 작은 게 아니지요.

사방 백 리(40km)라면 1,600km^2이니
서울특별시(600km^2)의 2.5배 크기입니다.

공작 후작은 공작 후작이라는 벼슬과 함께

인구로는 서울특별시장 자리요

넓이로는 경기 도백 자리를 맡기는 것입니다.

백작은 백작이라는 벼슬과 함께

사방 칠십 리(28km)를 봉토로 하사받으니

서울보다 큰(28×28=784km^2) 지역을

평생 보장받습니다.

또 자작 남작은 자작 남작이라는 벼슬과 함께

사방 오십 리(20km)의 봉토를 받으니

경기도 광주시장을 평생 보장받는 격입니다.

요즘은 지자체로 임기가 한정되어 있으나

옛날 봉건제도封建制度에서는

동서양을 가릴 것 없이 세습까지 가능했습니다.

봉건封建의 봉封이 무엇이겠습니까?

봉록封祿의 봉이고 봉토封土의 봉입니다.

0497 지게 호 戶

'지게'라는 말은 사립문을 얘기합니다.
그러나 파자破字에서 보면
문 문門 자의 왼쪽 절반을 가리킵니다.
다시 말해 외짝문을 지게戶라 하고
두짝문을 문門이라 합니다.
쉽게 얘기하면 마당 밖의 출입문이 호戶요
건물의 현관부터는 그냥 문門입니다.

지게 호戶 자에 담긴 뜻은 집 자체를 의미하기도 하고
지게(사립), 구멍, 출입구, 기둥과 대들보, 방, 사람
막다, 지키다, 주관하다 등 그때그때 상황 따라
다양하게 표현됩니다.
요즘에는 집의 번지수에 따라
호를 붙일 때 번호 호號 자를 쓰지만
옛날에는 번지 뒤에 지게 호戶 자를 붙였습니다.

이 지게 호戶 자를 '호'라 발음하게 된 것은

집의 출입구를 지키고 보호하는 것이

'보호할 호護' 자와 같은 데서 온 것입니다.

이체자로는 대개 비슷비슷합니다만

집 호, 지게 호戶 외에 집 호, 지게 호户

집 호, 지게 호庆, 집 호, 지게 호戶 등이 있습니다.

0498 봉할 봉封

封

봉인sseal의 뜻과 가신家臣vavasory의 뜻이 있습니다.

그밖에 봉封하다, 높이다, 흙더미를 쌓다, 배양하다

식물의 뿌리를 싸고 있는 흙을 돋우다, 크다, 거대하다

후하게 하다, 돈독하게 하다

가멸다=재산이 넉넉하고 많다, 부착하다, 붙다

봉제사奉祭祀, 조상의 제사를 받들다

무덤, 뫼, 지경地境=땅의 가장자리 경계

편지, 봉한 편지, 밀봉하여 둔 편지 따위입니다.

봉封 자는 마디 촌寸이 부수입니다.

흙土 위에 흙土을 더 올리니 북돋움입니다.
고대에는 흙을 수북이 모으고 쌓아 나무를 심어
국경border을 삼은 까닭에 흙을 수북히 모으다
지경을 삼다, 막다의 뜻을 나타냅니다.
전轉하여 영토의 뜻이 되었습니다.

2006년 2월 동아프리카 탄자니아 킬리만자로 마랑구
마라웨Marawe 지역에 사찰부지 3에이커acre를 매입했을 때
현지인이 가장 먼저 내게 건의한 게 있습니다.
경계 따라 말뚝을 박아 울짱을 치고
그 안쪽으로 다시 나무를 심는 것이었습니다.
나의 '한 가지만 하면 안 될까?'라는 제안에 대해
그들은 생각도 해보지 않은 채 답했습니다.
"마스터! 나무까지 심어야 해요."
나는 이 땅도 종교부지로 종단에 기증했습니다.

지금 우리나라 불교 역사상
최초로 아프리카에 학교를 짓은 것입니다.
'보리가람농업기술대학교'며
2016년 9월 초에 개교했습니다.
(현재 '보리가람농업기술대학교'로 운영중입니다.)
이 땅을 매입했을 때(2008.08.21)도

현지인들은 내게 울짱을 치던지
아니면 경계 따라 나무 심기를 권했습니다.

나는 울짱과 나무 심기를 섞어서 했는데
그때 심었던 야자수와 캐슈넛Cashew nut 나무는
내가 한국에 돌아온 지 3년 만에 사라지고
울짱으로 박은 말뚝만 몇 개 남았습니다.
그들은 땅의 경계를 곧잘 나무로 대신합니다.
옛 문헌에만 나오는 줄 알았는데
아프리카 탄자니아는 현재진행형이었습니다.

0499 여덟 팔八

여덟 팔八 자 자체로 부수입니다.
여덟, 여덟 번, 팔자형八字形, 나누다, 깨뜨리다, 찢다
파열하다, 분별하다, 중재하다, 등지다, 고무래, 갈퀴
빼다, 늘어나다 따위의 뜻이 담겨 있습니다.

같은 뜻 다른 글자로는 여덟 팔捌 자를 들 수 있습니다.

여덟 팔八과 필 발發은 발음이 비슷합니다.

뿐만 아니라 필발머리癶의 모양과

여덟 팔八 자 모양이 양쪽으로 번져갑니다.

중국인들은 여덟 팔八과 필 발發을

같은 이미지로 놓고 좋아합니다.

어디 여덟 팔八 자뿐이던가요.

팔八은 모양으로도 번져나가니 좋고

아라비아 숫자 8은 무제한이기에 좋습니다.

8자를 옆으로 뉘면 무제한이 됩니다.

팔八은 양손 엄지손가락을 접고

나머지 네 손가락씩을 활짝 편 모습이지요.

동양 문화는 손가락을 꼽으며 수를 셀 때

엄지손가락이 '시작'이며 '마침'입니다.

시작할 때 '하나'이고 마칠 때 '열'이지요.

최초의 수와 최종의 수 엄지손가락을 빼고

나머지 네 손가락씩을 쫙 펼칠 때

여덟이라는 숫자가 나오게 마련입니다.

그리고 팔현八縣의 뜻을 이해하려면

고대 중국의 세제稅制를 알아야 합니다.

공신들에게 나누어주는 봉현封縣이

어찌하여 일곱도 아홉도 아닌 여덟일까요?

에워쌀 위圍 자의 뜻을 아십니까?

나라 국國国国圀圙圀口圍囲囲吔蠹 자처럼

에워쌀 위圍도 나라와 국토의 뜻입니다.

에워쌀 위圍 자는 큰입 구口 안에 우물 정井자를 넣습니다.

이 우물 정井자와 에워쌀 위圍 자 한가운데

사각을 중심으로 하여 사방으로

여덟 개 사각이 에워싸고 있습니다.

중심의 사각 하나는 세금의 수령처이고

가장자리 여덟 곳은 모두 세금 납부처입니다.

여덟 곳으로부터 세금을 걷어

가운데 한 곳에 납부하는 것입니다.

서구 종교의 십일조十一租와 마찬가지로

옛 중국에서는 팔일조八一租입니다.

기독교보다 세금이 좀 센가요? 그렇지 않습니다.

종교의 세제는 대개 거두어들임으로 끝나지만

팔일조는 백성에게 되돌림이 큽니다.

가장자리 여덟 개 고을에서 세금을 걷어

가운데 부서가 일할 수 있게 하는 제도입니다.

0500 고을 현縣

縣

드디어 《천자문千字文》의 절반 오백자입니다.

불교에서는 음력 7월 15일을 명절로 칩니다.
첫째는 우란분절로서 천도명절이고
둘째는 하안거 해제로 스님네들 설날이며
셋째는 자자自恣로 불교의 고백성사일입니다.
넷째는 백중百中으로 온갖百 것의 중심中이며
흰 백白 뒤꿈치 종踵, 백종白踵으로
농사일을 쉬는 때입니다.

여기 우란분절이란 말은 인도말이며
한역으로는 도현倒懸으로 풀어내고 있습니다.
'거꾸로 매달리다'라는 뜻이 되는데
지옥 중생들이 지옥을 벗어나려는 모습을

도현倒懸이란 말로 표현한 것입니다.

일 년에 한 번 있는 천도 명절을 맞이하여

지옥에서 고통받는 죄인들이 지옥 밖으로 나오려는

윗사람의 발목을 잡고 발목 잡힌 윗사람은

거꾸로 매달려가면서까지

발목 잡는 아랫사람을 떼어놓으려 합니다.

그래서 도현倒懸인데 마음 심心 자가 없는 고을 현縣 자도

거꾸로 밧줄系에 매달려 있는 모습입니다.

오른쪽系은 밧줄에 매달린 모습이고

왼쪽県은 머리首가 거꾸로 매달린 모습입니다.

현縣은 봉토로 받은 지방행정부입니다.

지방행정은 봉토를 나누어 준

중앙행정부의 황제에게 달려 있다 하여

매달릴 현, 고을 현縣이라 쓰게 된 것입니다.

우리나라로서는

광역시와 도道에 해당한다고 하는데

깊이 연구해보지 않았습니다.

어제는 단오절端午節이었습니다.

이 단오절을 두고 중국과 우리나라가 함께

유네스코에 민속문화로 등재를 신청했습니다.
나는 결론부터 말하면 단오端午는
중국에서 시작되었을 수 있으나
우리나라가 단오절 문화의 중심이라 봅니다.

the tropic of cancer
북회귀선北回歸線이라 불리는 하지夏至가
양력으로는 6월 21~22일 무렵입니다.
지구가 23.5° 오른쪽으로 기울어진 상태에서
태양이 가장 북쪽에 이르렀을 때 자오선子午線의
오午가 마침내 끝자락端에 이르지요.
태양의 뜨거운 햇살午이 극端에 이른 뒤
태양은 다시 남쪽으로 점차 기울어집니다.

the tropic of capricorn
그리하여 남회귀선南回歸線이라 불리는
동지선冬至線까지 남쪽으로 기울면서
태양빛은 더욱 사선斜線으로 비추게 됩니다.
따라서 추위도 따라오게 마련이지요.
중국은 대륙이 워낙 크기 때문에
단오端午 하나로 전체를 설명할 수 없고
게다가 끝자락端의 긴 한낮午은

천체물리학의 입장에서 보더라도
나는 한반도가 제격이라 보고 있습니다.

중국의 일식日蝕 시스템으로
우리나라의 일식을 관찰할 수 없듯이
우리나라에서도 동쪽에 해당하는
대관령 동쪽 영동嶺東이라야 가능하다고 봅니다.
나는 우리 천문학자들이 발벗고 나서면
단오端午라는 민속문화만큼은
으레 한국의 것으로 등재할 수 있다고 봅니다.

음력 5월 5일을 단오절이라 하여
음력 명절로 다들 알고 있습니다만
이는 태양력을 쓰지 않던 옛날 이야기입니다.
다시 한번 얘기하면 오午가 지닌 의미가
달月이 아닌 태양日이라는 데 있습니다.
따라서 태양午의 최대端 명절인 단오端午를
우리는 보다 바르게 알 필요가 있습니다.

<126>

호戶봉封팔八현縣

가家급給천千병兵

0501 집 가 家

0502 줄 급 給

0503 일천 천 千

0504 군사 병 兵

공신에게 팔현봉작 예우를 하고

일천군사 내어주어 호위케하며

중국어 발음에서 줄 급給 자는

보통 '께이給gei'로 발음하고 있습니다.

"너에게 줄 게"일 경우, "워께이니我给你wogeini"가 되고

"내게 줘"라고 할 경우 "께이워给我geiwo"로 발음합니다.

 그런데 공급供給에 해당할 경우에는

'지아지치엔삥'처럼 '지給Ji'로 읽습니다.

0501 집 가, 여자 고家

집, 자기 집, 가족, 집안, 문벌, 지체, 도성都城, 전문가

정통한 사람, 용한 사람, 학자, 학파, 남편, 아내, 살림살이

마나님, 집을 장만하여 살아가다 등 외에

여자를 얘기할 때는 '여자 고家'자로 새깁니다.

가家는 화가畵家, 소설가小說家, 작가作家

정치가政治家, 기업가企業家, 세력가勢力家

역사가歷史家 등 일가를 이룸의 뜻입니다.

집 가家는 부딪칠 돌突과 같은 글자입니다.

한 집안의 안주인을 뜻할 경우

시어머니 고姑 자와 같이 쓰이기도 하는데

이때 발음은 '여자 고家'로 냅니다.

집 가家 자를 '가'로 발음하게 된 것은

'수돼지 가豭'자에서 영향을 받았습니다.

옛날 농촌 서민들 가옥에서는

사람과 돼지가 한 집안에서 살았습니다.

동아프리카 탄자니아 시골에 가면

사람과 개는 말할 것도 없고

사람과 고양이가 같은 집Room에서 잡니다.

사람과 염소, 사람과 닭, 사람과 양

심지어 사람과 돼지까지도 같이 지냅니다.

가家급給천千병兵

우리를 따로 지을 만한 형편이 못 되면

함께 지낼 수밖에 없습니다.

그렇다고 밖에서 자게 두자니

손 탈 가능성 때문에 그것도 안 됩니다.

나는 거기서 집 가家 자를 생각하곤 했습니다.

집宀 안에 돼지豕를 키우고 있음입니다.

먹고 마시고 사랑하고 배설하는 것이

같은 공간에서 이루어집니다.

물론 아프리카 탄자니아에서도

'하늘로 문 난 집'으로 돼지우리를 짓습니다.

돼지가 비를 맞고 자라거나 말거나

통나무 몇 개 툭툭 잘라다

권투장처럼 쉽게 지을 수도 있습니다.

하지만 우리나라에 비해 부동산 시세가 10분의 1수준이라

그렇더라도 없는 사람은 그나마도 없습니다.

그러니 한 집안에서 함께 지낼 수밖에요.

출가입산出家入山이란 말이 있습니다.

집을 나와 산으로 들어감입니다.

삼독 번뇌로 가득한 집을 나와 참 삶을 위해

산으로 들어가는 것입니다.

가家의 세계를 나와 가家를 뛰어넘으려 했는데

가家의 세계로 다시 뛰어들고 있습니다.

앞서 본 화가~역사가만이 아닙니다.

건축가建築家, 공상가空想家, 낙천가樂天家

농가農家, 대가大家, 독지가篤志家, 무용가舞踊家

문장가文章家, 문필가文筆家, 미술가美術家

발명가發明家, 불가佛家, 선가禪家, 수완가手腕家

사업가事業家, 실업가實業家, 예술가藝術家

음악가音樂家, 전문가專門家, 정력가精力家

343

종교가宗敎家, 혁명가革命家 등에 뛰어듭니다.
츠앙차常察선사의 선게禪偈가 있지요.

장부자유충천지丈夫自有衝天志
불향여래행처행不向如來行處行
장부에게는 하늘을 뚫을 기상이 있어
여래가 가신 곳을 따라가지 않느니라

그럼에도 불구하고 집家을 나와
복잡한 정치의 집政治家으로 뛰어듭니다.
나는 이 집家을 비롯하여
모든 집이 나쁘다는 것이 아닙니다.
세상의 어떤 집도 나쁜 집은 없습니다.
다만 위에 열거한 어떤 집家도
운용運用의 묘를 논할 뿐입니다.
따라서 출가出家에서 출出의 뜻은
외형의 몸이 집을 나오는 게 아니라
어떻게 하면 집에 끌려가지 않느냐이고
어떻게 행복의 집으로 가꿀 것이냐입니다.
누구도 집 없이 살 수 없습니다.
집이란 입성과 같고 먹성과 같습니다.
입지 않고 살 수 없듯 먹지 않고 살 수 없으며

가家급給천千병兵

마찬가지로 집 없이는 살 수 없습니다.

스님 건축가를 비롯하여
스님 무용가, 스님 소설가, 스님 음악가, 스님 실업가
스님 발명가, 스님 역사가, 스님 예술가 등이 필요합니다.
심지어 스님 혁명가까지도 다 필요합니다.
출가出家의 '출出'은 벗어남이 아니라
초월超越의 의미입니다.
어떤 집家이든 자유로움이며
그들 집에 얽매이지 않음입니다.

0502 줄 급給

'주다'라는 움직씨 외에 대다, 공급하다, 제때에 대다
더하다, 보태다, 넉넉하다, 두루 미치다, 갖추어지다
영향이나 작용 등이 대상에 가해지다
급여, 보탬, 공급, 휴가의 뜻이 있습니다.
줄 급給 자의 부수는 실 사糸입니다.

어쩌다 한 번 주는 것은 여與라 하겠지만

끊이지 않고 대주는 것은 급給입니다.

실 사糸 자에 그 의미가 있습니다.

실이란 끄나풀이며 계속해서 이어짐입니다.

서로 어떤 끈이 있으므로 주고 받습니다.

주군과 신하의 관계關係, 부모와 자녀의 관계

남편과 아내의 관계, 고용주와 고용인의 관계

스승과 제자의 관계 등 뭔가 끈이 있습니다.

관계의 관關에도 문門 안에 끈絲이 있고

관계의 계係에도 끈系이 있습니다.

세상은 온통 끈으로 되어있다는

끈string이론理論이 실감나는 대목입니다.

그러므로 월급月給이나 주급週給, 일급日給

시급時給처럼 일정한 간격을 두고

굶지 않도록 주는 것을 급給이라 합니다.

공급供給, 지급支給, 수급需給, 봉급俸給, 보급補給

배급配給 등이 다 이에 해당합니다.

0503 일천 천千

千

일천 천千 자는 그네 천韆 자가 본자입니다.

그네 천韆 자가 획수가 많다 보니까

이를 간편하게 쓰려고 해서 생각해낸 것이

간체자 일천 천千 자입니다.

물론 지금은 그네 천韆 자가 따로 있고

일천 천千 자가 따로 독립되어 있습니다.

그리고 일천 천千 자에서 다시 일천 천

밭두둑 천仟 자가 나왔고

두둑과 두렁은 밭이랑의 두둑한 부분이라

언덕을 뜻하는 좌부방阝을 붙여

두렁 천阡 자를 만들어내기도 하였습니다.

요즘은 매일매일 전 세계적으로

1만 단어씩이 새롭게 생겨난다고 하는데

한자나 중국어도 예외는 아니어서

필요에 따라 늘어나고 없어지기도 합니다.

뜻을 나타내는 열 십十 자는

347

처음에는 가로 긋기一와 세로 긋기丨로
바닥에 그린 씨지루十字路일 뿐이었습니다.
그러나 2차원의 씨지루만으로는
생각의 세계를 다 표현할 수 없었습니다.
그래서 3차원을 생각한 것이 기하학의 표시 丿였습니다.
열 십十 자 위에 십을 두 번 곱한 것으로
일 천千을 생각했고
열 십十 자 위에 기하의 표시를 얹어
일 천千이라 불렀습니다.

오른쪽 위에서 왼쪽 아래로 빗금 그어
기하의 표시를 한 중국인들은
아무리 생각해도 참 멋진 사람들이었습니다.
사면체거나 육면체 상자를 만들어
입체를 표현하는 것은 생각할 수 있겠으나
열 십十 자 위에 빗금 丿하나를 얹어
입체적 기하의 세계를 나타낸 발상은
고대 중국인들이 격물格物에 뛰어났음이
비로소 확인되는 순간입니다.
따라서 일천 천千 자는 글자인 동시에
캘리그래픽Calligraphic의 원조인 셈입니다.
도식圖式의 예술이고 문상예술文象藝術의 글자입니다.

가家금給천千병兵

나는 일천 천千 자를 소재로 한 '고사성어집'을

손안에 쏙 들어오게 작게 만들어

들고 다니며 외웠던 적이 있었습니다.

삼천세계三千世界

무족지언비천리無足之言飛千里

천금지자불사어시千金之子不死於市

천인소지무병이사千人所指無病而死

천봉만학千峰萬壑 등등

일천 천千 자에 담긴 의미를 살펴보면

일천, 밭두둑, 밭두렁, 초목이 무성한 모양, 아름다운 모양

그네, 반드시, 기필코, 여러 번, 수효數爻가 많다 등입니다.

그리고 그네 천鞦은 그네 추鞦와 함께

추천鞦韆 곧 그네라는 한 단어를 이룹니다.

추천 중에서 '천韆'자가

가죽혁변革에 옮길 천遷 자를 쓰고 있는데

이는 천遷 자가 천도薦度와 맥을 같이합니다.

천도薦度의 천거할 천薦 자는

'천거薦擧하다'에서 온 말입니다.

망자를 천도하려면 우선 망자의 영혼을

불보살님 전에 이름을 불러 천거한 뒤

불보살님의 법력法力으로 제도한다 해서
천도라는 말이 생겨났습니다만
결국은 사바에서 극락으로 옮기는 것입니다.
따라서 옮길 천遷 자와 함께 쓰였고
옮길 천遷 자는 그네 천韆 자에서 왔습니다.
규방의 좁은 공간에 있던 규수가
그네를 통해 담 밖의 넓고 푸른 세계로
마음껏 마음의 나래를 펼칠 수 있었으니까요.

0504 군사 병兵

여덟 팔八 자 부수에 언덕 구됴 자입니다.
구됴 자는 진열대ㅡ 위에 놓인 무기斤입니다.
무기 진열대에 놓인 병장기斤를 들고
팔방八方으로 흩어져八 뛰쳐나갑니다.
병사는 지휘관의 명령을 따라 왼쪽으로 핑兵ping하고
그와 같이 오른쪽으로 팡兵fang하며
흩어졌다 다시 모여들고

모였다 다시 흩어지기를 반복하면서
훈련을 받거나 적을 물리치는 것입니다.

병사 병兵 자에 담긴 의미는
병사, 병졸, 군사, 군인, 무기, 병기, 싸움
전쟁, 재앙, 원수, 상하다, 다치다, 치다
무기로써 죽이다 등이 있습니다.
어떤 병사도 전쟁터에서 무기 없이 싸울 수는 없습니다.
무기 없이 싸운다면 게임이겠지요.
그러나 삶과 죽음을 넘나드는 전쟁터에서 무기 없다고
손 놓고 그냥 죽을 수는 없습니다.

여기 이 《천자문》에서는 공신들에게
각각 여덟 고을씩을 봉토로 주고
동시에 공신들 가문에 대해서는
특별경호팀을 구성하여 경호하게 합니다.
선거에서 대통령 당선자가 되면 바로 그 순간부터
대통령에 준하는 근접특별경호가 주어지는 것과 같습니다.

그리고 또한 일천 명의 군사를 주어
공신들 가문을 경호하게 하였다고 하는데
호봉팔현戶封八縣처럼 가급천병家給千兵도

공후백자남公侯伯子男 벼슬에 따라

호위군사도 차등差等이 있습니다.

모두 다 일천 명 병사는 아니라는 것입니다.

문득 테이블 테니스table tenis가 생각납니다.

핑팡치우乒乓球pingfangqiu라 하는데

탁구卓球의 중국어 구어체입니다.

평乒과 팡乓이 모두 의성어며

우리나라 한자 발음은 다 같이 '병'입니다.

가家급給천千명兵

동봉스님의 천자문 공부 5권

발행	2024년 11월

지은이   동봉 스님

펴낸곳   도서출판 도반
펴낸이   김광호
편집   김광호(월암), 이상미(다라), 최명숙
대표전화   031-983-1285
이메일   dobanbooks@naver.com
홈페이지   http://dobanbooks.co.kr
주소   경기도 김포시 고촌읍 신곡리 1168